Dominique Glocheux

512 Wege zum Glück

Dominique Glocheux

512 Wege zum Glück

Aus dem Französischen von
Uta Bergès

Herder

Freiburg · Basel · Wien

Titel der französischen Originalausgabe:
La Vie En Rose © Editions Albin Michel S. A.
Paris 1998

Gedruckt auf umweltfreundlichem,
chlorfrei gebleichtem Papier

Herstellung: Freiburger Graphische Betriebe 2000
Umschlaggestaltung: R. M. E., Roland Eschlbeck,
Liana Tuchel
Umschlagbild: © Mauritius
ISBN: 3-451-07002-2

Für Aude Berlin, kleiner Schatz, der schon zur glücklichen „Schmetterlingsgeneration" gehört und für meine Eltern, die alles bereits vor mir verstanden haben.

Dank an Françoise und Alexandra für ihre treue Freundschaft.

Thanks to Fionna, Island, Jennifer, Laura, Liam, Margaux, M. B., Nikita & Tiuraï, for all the love and care you give me.

Dank auch an Calypso, Elise, Gaby, Gaëlle, Jocelyne, Marine, Mylène & Zine, meine Mega-Musen,
an Muriel & Alain Bosetti, an Laurence, Laurent & Fanny, an Christian Imniac, an Michaël Williams, an Tierry, an Claude & Morgane.

1

Seien Sie unkompliziert.

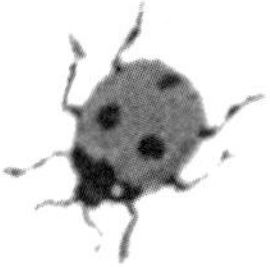

2

Bemühen Sie sich, vierundzwanzig Stunden lang nichts und niemanden zu kritisieren.

3

Sie können lernen, Ihre Nudeln genauso köstlich zuzubereiten wie eine italienische *mamma*.

4

Wissen Sie, daß es Liebe auf den ersten Blick wirklich gibt?

5

Es gibt – möglicherweise gar nicht so ausgefallene – Speisen, die Sie noch nie probiert haben? Dann sollten Sie das unbedingt nachholen.

6

Versuchen Sie, öfter NEIN zu sagen.

7

Frankieren Sie Ihre Briefe mit hübschen Sondermarken.

8

Aus Ihrem Zuhause ein gemütliches und anheimelndes Nest machen.

9

Es ist einfach wunderbar, ein Baby in den Armen zu halten.

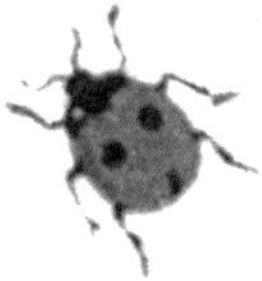

10

Ist es nicht ein schönes Vorhaben, alle Menschen anzulächeln, denen Sie unterwegs begegnen?

11

Ein Haustier haben ... wie flaumig und zutraulich! Werden Sie da nicht auch weich?

12

Kehren Sie an Schauplätze Ihrer Kindheit zurück, verfolgen Sie alte Spuren.

13

Sagen Sie öfter als bisher „Ich liebe dich" und „Du hast mir gefehlt".

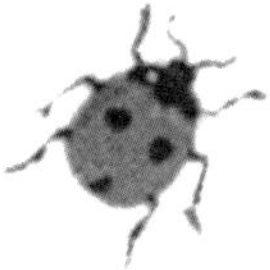

14

Blut spenden!

15

Reisen Sie mit Ihrem Liebsten oder Ihrer Liebsten nach Venedig – mit einem Charterflug am Wochenende.

16

Sich wie eine kleine Katze vorm Kaminfeuer räkeln.

17

Einmal am Tag sollten Sie durchaus ein Risiko eingehen; anfangs vielleicht ein ganz kleines.

18

Es ist wunderbar, die Stille auszukosten.

19

Folgen Sie Ihrer ersten Eingebung. Oft ist sie richtig.

20

Treten Sie einem Chor bei. Es ist herrlich, mit anderen zusammen zu singen.

21

Haben Sie schon „Der kleine Prinz“ von Saint-Exupéry gelesen?

22

Nicht immer Zeit sparen wollen. Nutzen Sie die Ihnen zur Verfügung stehenden Stunden und Minuten lieber wirklich aus.

23

Können Sie ein Hemd oder eine Bluse bügeln?

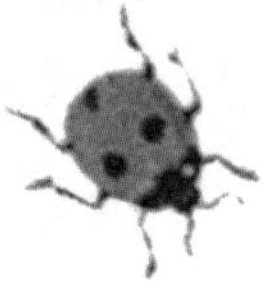

24

Folgen Sie dem Stern, der tief in Ihrem Inneren strahlt.

25

Einige Ihrer Freundinnen und Freunde kennen sich noch nicht. Laden Sie sie alle gemeinsam zu sich nach Hause ein.

26

Schauen Sie sich gemeinsam mit Ihrem Liebsten/Ihrer Liebsten an, wie eine Stunde vor Sonnenaufgang die Sterne langsam zurückweichen. Es ist ein magisches Erlebnis.

27

Als Autofahrer sollte man die Fußgänger in Ruhe die Straße überqueren lassen.

28

Gehen Sie Ihrer Lieblingsbeschäftigung nach. Und zwar so oft wie möglich. Nun müssen Sie nur noch einen Weg finden, wie Sie sich dafür bezahlen lassen könnten ...

29

Haben Sie schon mal *Bubblegums* gekauft? Damit kann man so schöne dicke Blasen machen.

30

Wenn man nicht weiß, wohin man geht, läuft man Gefahr, irgendwo – oder noch schlimmer – nirgendwo zu landen. Entscheiden Sie sich bewußt für IHRE Richtung.

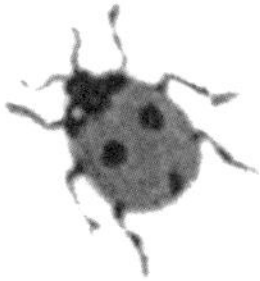

31

Stellen Sie sich spaßeshalber vor, im ganzen Haus wäre der Strom ausgefallen. Was würden Sie und Ihr Schatz wohl tun, wenn Sie plötzlich im Dunkeln säßen?

32

Machen Sie oft Geschenke, ruhig auch ganz kleine.

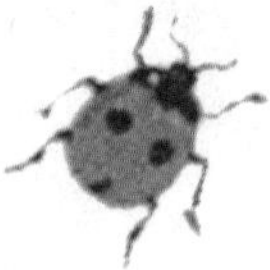

33

Kaufen Sie mindestens dreißig Geschenke im voraus – für Groß und Klein. Sobald sich Ihnen eine Gelegenheit bietet, schlagen Sie zu – und sammeln Ihre Schätze in einer abschließbaren Truhe.

34

Vielleicht haben Sie Gelegenheit, die Herztöne eines Babys im Bauch der Mutter mitanzuhören und auf Band aufzunehmen?

35

Wenn Ihr Kind einen Milchzahn verliert, sollten Sie an das Zahnmäuschen denken. Es ist nämlich *so* schön, unter dem Kopfkissen eine kleine Überraschung zu finden.

36

Nehmen Sie sich vor, einmal in der Woche abends um neun Uhr ins Bett zu gehen. (Wenn Sie den Donnerstag wählen, werden Sie am Wochenende in Superform sein.)

37

Besorgen Sie sich ein gutes Ratgeberbuch über Umgangsformen. Kultivieren Sie Ihr Know-how in Sachen Sitten und Manieren. Es macht auch Spaß!

38

Nach einem Wochenende beim Skifahren oder am Meer werden Sie den Eindruck haben, fast eine Woche fortgewesen zu sein.

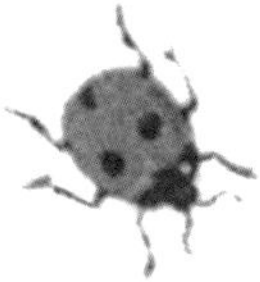

39

SUCHEN SIE NACH DREI IDEEN, UM IHR LEBEN EINFACHER ZU GESTALTEN. Leichter soll es werden, weniger kompliziert.

40

Haben Sie schon einmal daran gedacht, Ihrem Partner/Ihrer Partnerin sexy Unterwäsche zu kaufen?

41

Unter all Ihren Aktivitäten sollten Sie jenen den Vorrang geben, die auch anderen nützlich sind.

42

Körperliche Anstrengung ist ein hervorragendes Mittel gegen Streß und schwarze Gedanken. Darum sollten Sie jeden Tag einen Kilometer laufen oder sich anderweitig verausgaben.

43

Sorgen Sie dafür, daß immer eine Flasche Champagner im Kühlschrank bereit steht.

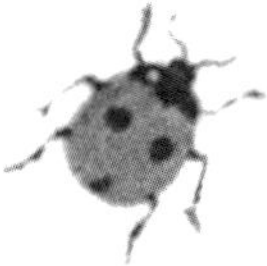

44

Sie sind in Gesellschaft und flüstern Ihrem Liebsten/Ihrer Liebsten ins Ohr, daß er/sie Sie glücklich macht.

45

Nehmen Sie sich vor, in den nächsten vierundzwanzig Stunden mit jedem Menschen, dem sie begegnen, ein wenig zu plaudern.

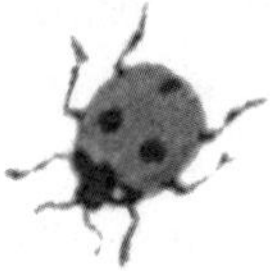

46

Über folgenden Satz meditieren: „Sich trennen heißt, bereits etwas Neues zu begrüßen." Im Ende ist immer auch schon ein Neuanfang.

47

Es ist gut zu wissen, wie man sich am liebsten die Zeit vertreibt.

48

Machen Sie langsamer.

49

Umgeben Sie sich mit Menschen, die das Beste in Ihnen sehen und Ihnen Mut machen.

50

Bei Kummer tut es gut, sich mit Kindern zu beschäftigen. Man widmet den Kleinen seine volle Aufmerksamkeit und denkt an nichts anderes mehr. So, als ob alles in Ordnung wäre! Das hat eine magische Wirkung.

51

Versuchen Sie mal folgendes: „Warten Sie, Sie haben da eine Wimper im Auge. Mal gucken, ob ich sie herausbekomme“ ... und dann hauchen Sie Ihrem Gegenüber sanft ins Gesicht, vor allem, wenn es gar nichts wegzupusten gibt. Sie müssen sich nur trauen!

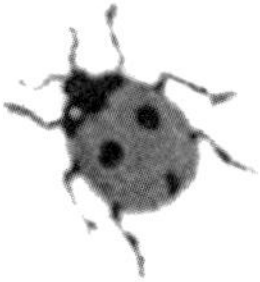

52

Verstecken Sie bei Ihrem nächsten Tête-à-tête ein Zettelchen mit einer zärtlichen Liebesbotschaft unter dem Teller Ihres Liebsten oder Ihrer Liebsten.

53

Notieren Sie in einem Heft alle möglichen Erinnerungen aus der Zeit, seitdem Sie beide sich kennen. Wenn auch die letzte Seite beschrieben ist, überreichen Sie es Ihrem Partner oder Ihrer Partnerin als Geschenk.

54

Fürs Wochenende ein kleines Motorrad mieten.

55

Versuchen Sie, vierundzwanzig Stunden lang zehnmal so höflich und zuvorkommend zu sein wie sonst. Sie werden sehen, was das für Veränderungen um Sie herum auslöst.

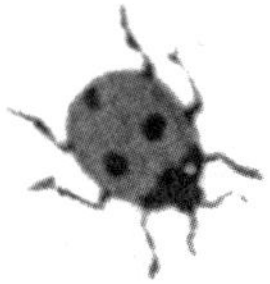

56

Vor dem Nachhausegehen von der Arbeit tut es gut, den Tag noch einmal Revue passieren zu lassen. Dann können Sie bis zum nächsten Tag beruhigt an etwas anderes denken. Mit der Zeit wird es Ihnen immer besser gelingen, berufliche Sorgen und Privatleben auseinander zu halten.

57

Wenn Sie eine besonders formale Garderobe gewählt haben, tragen Sie darunter besonders sexy Wäsche.

58

Es ist schön, die wichtigsten Sterne am Himmel zu kennen.

59

Einmal im Leben Traktor fahren!

60

Warum in Diskussionen mit guten Freunden oder Verwandten unbedingt die Oberhand gewinnen wollen? Glücklichsein ist wichtiger als Recht haben.

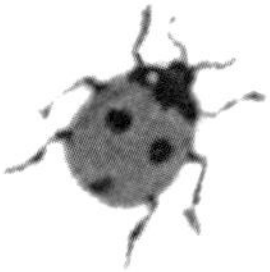

61

Laden Sie Ihre besten Freundinnen oder Freunde zu sich nach Hause ein. Auch wenn Sie eigentlich einen triftigen Grund hätten, diese Einladung zu verschieben.

62

Sobald Sie bei sich zu Hause über den nötigen Platz verfügen, könnten Sie eine Schaukel aufstellen lassen.

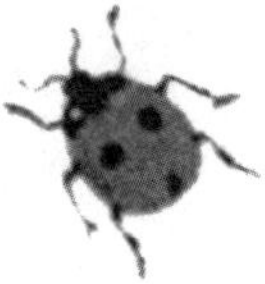

63

Sprechen Sie die Leute mit ihrem Namen – oder Vornamen – an: Es klingt wie Musik in ihren Ohren.

64

Wenn Sie sprechen, sprechen Sie lauter.

65

Wenn Sie laufen, laufen Sie schneller.

66

Wenn Sie singen, singen Sie lauter und kräftiger.

67

Kennen Sie Pappeln, Birken, Eschen, Eichen und Haselnußsträucher?

68

Machen Sie aus den nächsten fünf Minuten ein Fest. Lassen Sie sich etwas einfallen. Improvisieren Sie.

69

Sie wissen, daß man in der Regel mit zwanzig Prozent seiner Anstrengung achtzig Prozent der erwünschten Wirkung erzielt. Jedes Mehr wird schnell zur Verschwendung, zumal der Unterschied kaum feststellbar ist. Tun Sie also Ihr Bestes – aber nur, bis Sie achtzig Prozent Ihres Zieles erreicht haben...

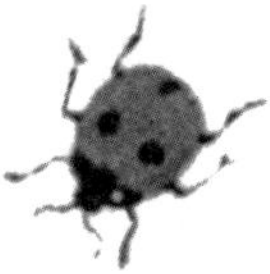

70

... und hüten Sie sich vor jeglichem Perfektionismus: die restlichen zwanzig Prozent erfordern achtzig Prozent der GESAMTanstrengung. Warum achtzig Prozent Ihrer kostbaren Zeit verlieren, um dem Ganzen den letzten Schliff zu verleihen? Dosieren Sie Ihre Bemühungen, denn Perfektionismus bedeutet LÄHMUNG.

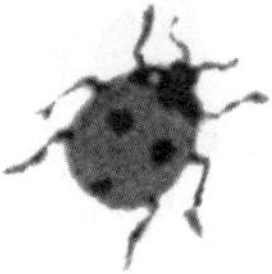

71

Wie wäre es mit einem besonders netten Postskriptum unter jedem Ihrer persönlichen Briefe?

72

Sich selbst geben, bevor man anderen gibt. Man hat dann mehr zu geben.

73

Kurz vor dem Einschlafen könnten Sie Ihrer Partnerin oder Ihrem Partner öfter ins Ohr flüstern: „Ich liebe dich."

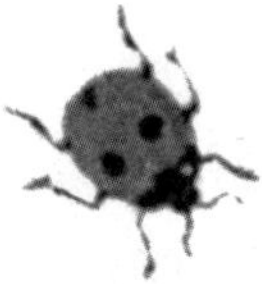

74

Die Mittagspause nutzen, um im Schwimmbad schnell eine Runde zu drehen.

75

Kaufen Sie im voraus für hundert Mark Geburtstags- und andere Glückwunschkarten. So etwas läßt sich gut horten.

76

Eine Kuh melken lernen. Das wäre doch etwas Besonderes, oder?

77

Suchen Sie die Höhe. Klettern Sie bis unter das Dach eines historischen Bauwerks, eines Hotels oder bis auf die Spitze eines Berges. Von oben sieht die Welt *so* anders aus.

78

Eine Kur mit Pollen und Gelée Royale – warum nicht?

79

Mieten Sie sich für ein Wochenende einen Metalldetektor. Damit können Sie auf Schatzsuche gehen.

80

Umgeben Sie sich mit besseren Freunden, als Sie selbst es sind.

81

Wenn Sie etwas Wichtiges vorhaben, ein großes Projekt ins Auge gefaßt haben, ist es ratsam, sich im Vorfeld zu überlegen, was Sie machen würden, wenn Sie wüßten, daß Ihnen nichts mißlingen darf. Schreiben Sie aufmerksam mit.

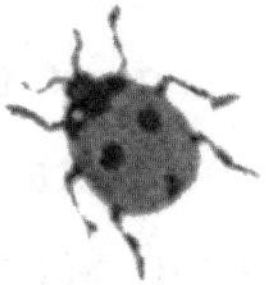

82

Laden Sie ein Kind in den Zoo ein, um sich dort die Nilpferde und Affen anzuschauen.

83

Gemeinsam im Auto: An jeder roten Ampel könnten Sie Ihrem Liebsten/Ihrer Liebsten einen Kuß geben.

84

Schreiben Sie auf, was das Leben Ihnen bereits alles geschenkt hat. Bedanken Sie sich dafür.

85

Notieren Sie auch, was Sie vom Leben noch alles erwarten. Schließen Sie die Augen, und wünschen Sie sich etwas.

86

Vermeiden Sie, sich ständig zu rechtfertigen oder Ihre Qualitäten unter Beweis zu stellen.

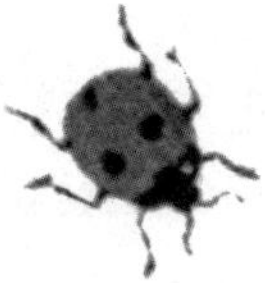

87

Beim Italiener: Fragen Sie beim Küchenchef diskret nach, ob Sie eine Pizza in Herzform bestellen können, die Sie anschließend Ihrem Liebsten oder Ihrer Liebsten servieren lassen.

88

Haben Sie schon einmal brasilianische Folklore gehört? Nehmen Sie die Sambaklänge in sich auf. Sie sind jetzt auf dem Strand von Copacabana. Wer kann da schon widerstehen?

89

Immer die Turnsachen griffbereit halten, um jederzeit Sport machen zu können.

90

„Ich dürfte das ja gar nicht erzählen, aber ...“ Das ist eine schlechte Einleitung für jedes Gespräch. Halten Sie lieber Ihre Zunge im Zaum.

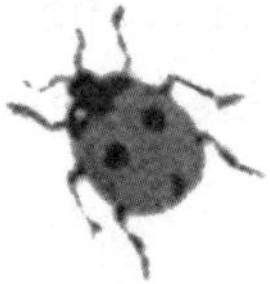

91

Haben Sie den Mut, Unbekannte anzusprechen? – Zum Beispiel so: „Verzeihung, daß ich so direkt bin, aber ich möchte Sie unbedingt kennenlernen."

92

Schreiben Sie ein Gedicht. Es muß keine schönen Reime haben.

93

Wenigstens einmal im Leben die Milch einer frischen Kokosnuß trinken.

94

Lassen Sie sich nicht von irgendeinem kleinen Zweifel, einer Sorge oder Angst einschüchtern: Trauen Sie sich. Statistisch gesehen wird dabei etwas Gutes für Sie herauskommen.

95

Die RICHTIGE Sache zu erledigen, ist 1 000 000mal MEHR wert, als die Dinge richtig zu tun: Wirken Sie nachhaltig, vermeiden Sie Aktivismus.

96

Es ist *so* schön, ein Kind an der Hand zu nehmen.

97

Sie könnten bei sich zu Hause Blumen wachsen lassen.

98

Reiten ist klasse – besonders an einem Sommermorgen in Strandnähe.

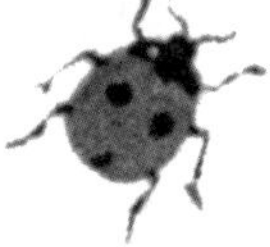

99

Gelegenheiten wollen am Schopf gefaßt werden. Sie müssen einfach auf Ihr Glück vertrauen und es immer wieder auf die Probe stellen. Nichts gefällt ihm mehr.

100

Denken Sie sich ein Rezept aus: Bananencocktail, Gemüseauflauf, hausgemachter Schokoladenkuchen, was auch immer Ihnen einfällt. Geben Sie der Kreation Ihren Namen, und kopieren Sie das Rezept für Ihre Freunde und Freundinnen.

101

Sie sollten sehr sorgfältig auswählen, mit wem Sie zusammenleben wollen. Keine Entscheidung ist wichtiger als diese.

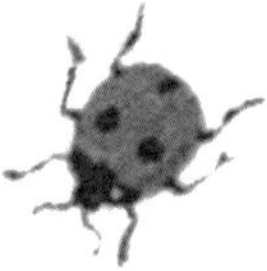

102

Verschenken Sie niemals ein Geschenk, ohne es vorher schön eingepackt zu haben.

103

Verwenden Sie beim Kochen Olivenöl.

104

Vermeiden Sie es, einem Freund oder einer Freundin viel Geld zu leihen. Das ist selten eine gute Lösung, und Sie würden damit womöglich auch noch Ihre Freundschaft in Gefahr bringen.

105

Haben Sie schon einmal daran gedacht, übers Wochenende Rollschuhe oder Inline Skater zu mieten?

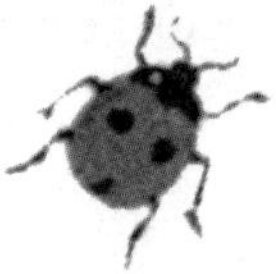

106

Seien Sie Ihrem Liebsten/Ihrer Liebsten gleichzeitig auch die beste Freundin – der beste Freund.

107

Heute ist nicht die Fortsetzung von gestern. Sonst würden Sie immer alles auf den nächsten Tag verschieben wollen. Machen Sie wirklich das Beste aus jedem einzelnen Tag.

108

Können Sie ein Feld mit Gerste erkennen und unterscheiden von Hafer, Raps oder Weizen?

109

Seien Sie ruhig ein bißchen keck! „Das Glück lächelt den Wagemutigen.“ (Vergil)

110

Halten Sie durch! Wenn Sie glauben, auf dem richtigen Weg zu sein, müssen Sie weitergehen und durchhalten.

111

Sich mit einer Ganzkörpermassage bei einem guten Physiotherapeuten verwöhnen.

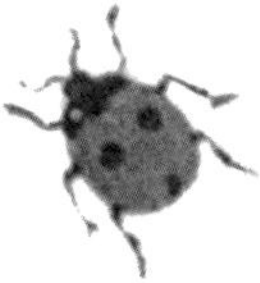

112

Sagen Sie ruhig öfter: „Ich brauche Hilfe."

113

Unbefriedigenden Beziehungen oder Tätigkeiten sollte man besser ein Ende bereiten.

114

Folgende Floskeln dürfen Sie definitiv aus Ihrem Vokabuar streichen: „Ich muß/Ich müßte“ oder „Ich soll/Ich sollte“.

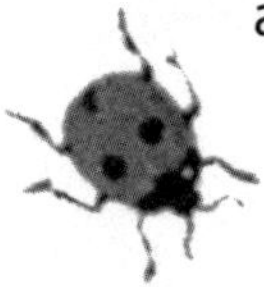

115

Gönnen Sie sich einen langen Spaziergang am Meer oder auch im Wald – mit einem Menschen, den Sie besonders gern haben.

116

Seien Sie zärtlich und romantisch. Hoffungslos romantisch!

117

Sollten Sie gelegentlich nachts aufstehen: wie gut tut es, ein Glas frisches Wasser zu trinken, bevor man wieder zu Bett geht.

118

Niemals die Geburtstagskerzen anderer ausblasen!

119

Seien Sie offen und neugierig.
Stellen Sie mehr Fragen als bisher.

120

Empfangen Sie Ihren Liebsten oder Ihre Liebste mit einem Blumenstrauß an der Tür. Mit sonst nichts ...

121

Anderen spontan vertrauen.

122

Feiern Sie selbst die kleinsten Erfolge, Triumphe und Vergnügen.

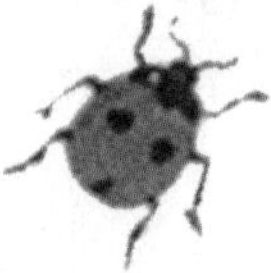

123

Es ist wichtig, im Kampf gegen Aids und Krebs großzügig zu helfen.

124

Haben Sie schon einmal im Internet gesurft? Es gibt Cyber-Cafés, in denen Sie das ausprobieren können.

125

Wie schön, noch einmal die ersten Liebesbriefe hervorzukramen, die man bekommen hat.

126

Es ist fünf Uhr morgens: Die Stadt erwacht zum Leben. Das ist ein besonderes Erlebnis – Sie sollten es sich nicht entgehen lassen!

127

Sie können ein kleines Geschenk oder ein paar zärtliche Zeilen in einen Eiswürfel einfrieren und Ihren Partner oder Ihre Partnerin diese hübsche Überraschung bei Gelegenheit entdecken lassen.

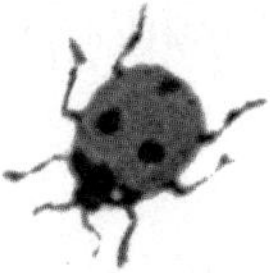

128

Tun Sie niemals „als ob“.

129

Wer wird denn beim Schlußverkauf schon die Schnäppchenjagd verpassen wollen?

130

Es ist ein herrlicher Sommernachmittag. Legen Sie sich mit Ihrem Liebsten oder Ihrer Liebsten draußen ins Gras, ins Heu oder aufs Stroh.

131

Ein Lieblingsgedicht auswendig lernen!

132

Die genialste Idee ist wertlos, solange sie nur Theorie bleibt. Die Parole lautet: Weniger nachdenken, mehr handeln!

133

So oft es geht, sollten Sie Ihr Frühstück und Ihre Garderobe für den nächsten Tag bereits am Abend vorbereiten.

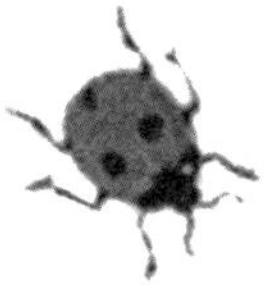

134

Besichtigen Sie historische Schauplätze.

135

Lachen heilt alle möglichen Wehwehchen. Erhöhen Sie die vorgegebene Dosis.

136

Es ist gut, die Vorlieben seines Partners/seiner Partnerin zu kennen: Sportarten, Farben, Parfums, Blumen, Zeitschriften, Desserts, Filme, Lieder und alles andere.

137

An einem Yogakurs teilnehmen:
Das tut gut!

138

Pflücken Sie im Frühjahr jungen Löwenzahn auf einer ungespritzten Wiese. Daraus können Sie einen Salat zubereiten. Mit Schalotten und harten Eiern wird eine Delikatesse daraus.

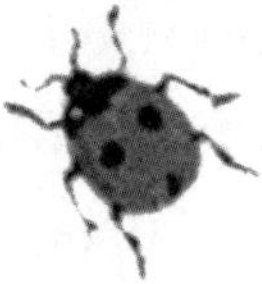

139

„Das Beste, was ein Mensch tun kann, ist, mit sich selbst einig zu sein."
(Sigmund Freud)
Folgen Sie Freuds Devise.

140

Warum nicht an den Weihnachtsmann glauben?

141

Nehmen Sie sich nicht allzu ernst.

142

Tragen Sie die Geburtstagsdaten ihrer nahen Freundinnen, Freunde und Verwandten auf einem Kalender ein, damit Sie keine Glückwünsche vergessen und immer Anlaß zum Feiern haben.

143

Man kann sich darin üben, die eigenen Gedanken, Gefühle und Aktionen bewußt zu wählen und in die gewollte Richtung zu lenken. Auch hier macht Übung den Meister.

144

Holen Sie Ihren Liebsten oder Ihre Liebste vom Büro ab.

145

Wenn Ihr Herz vor Hochgefühl klopft oder vor Vergnügen dahinschmilzt, dann sollten Sie versuchen, sich genau auf dieses Gefühl zu konzentrieren. Genießen Sie es, kosten Sie es aus, und lassen Sie sich von diesen lustvollen Empfindungen durchdringen.

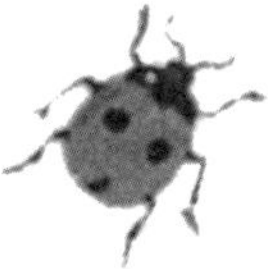

146

... denken Sie nicht an „nachher“:
Sie könnten alles verpatzen.

147

Es ist wichtig zu lernen, wie man ein Rad wechselt und wie man den Luftdruck in den Reifen sowie das Niveau der Bremsflüssigkeit und den Ölstand prüft.

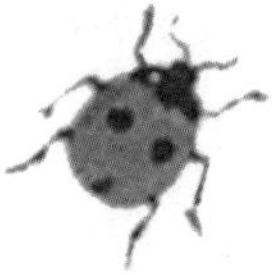

148

Rufen Sie Ihren Liebsten/Ihre Liebste an. Einfach so, ohne besonderen Grund. Aus reiner Zärtlichkeit. Als Liebeserklärung.

149

Schauen Sie den Leuten richtig in die Augen. Richten Sie Ihre Blicke ganz bewußt auf Ihre Mitmenschen.

150

Die Uhr acht Minuten vorstellen.

151

Photokopieren Sie die Titelseite der Lieblingszeitung Ihres Partners/Ihrer Partnerin. Anschließend können Sie den Text auf einem PC verändern, ausdrucken und montieren.

152

Richten Sie es ein, daß Sie ab und zu Zeit für sich haben – allein und ungestört.

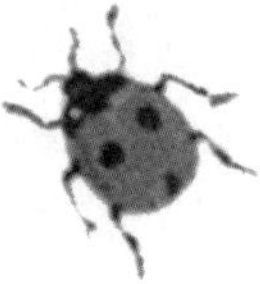

153

Verstecken Sie eine Liebesbotschaft unter dem Kopfkissen Ihres Liebsten oder Ihrer Liebsten.

154

Es geht im Leben nicht nur darum, Geld zu verdienen. Manche kostet genau das das Leben. Entscheiden Sie sich fürs *Leben*!

155

Verbreiten Sie niemals Gerüchte und vermeiden Sie Klatsch.

156

Es gibt vier goldene Regeln:
Entscheiden Sie, welche Probleme Vorrang haben.
Gehen Sie Ihre Probleme der Reihe nach an.
Delegieren Sie so viel wie möglich.
Konzentrieren Sie sich.

157

Was bedeutet: „Konzentrieren Sie sich“? In dieser Zeit alles andere vergessen, sich mit Leib und Seele einer einzigen Angelegenheit widmen und sich nicht unterbrechen lassen.

158

Kaufen Sie sich eine rote Clownsnase.

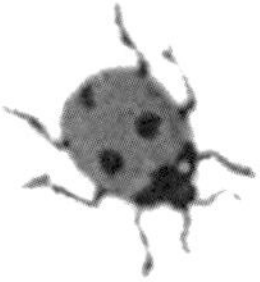

159

„Wenn ein Stein im Schuh drückt, kann man beim Laufen nicht in die Sterne schauen" (*chinesisches Sprichwort*). Sie sollten sich schnellstens und endgültig von allem Kleinkram befreien, der Ihnen im Wege steht und Ihnen das Leben schwer macht.

160

Schließen Sie beim ersten Bissen eines Essens die Augen.

161

Bitten Sie Ihren Partner/Ihre Partnerin, Plätze für eine Vorstellung zu reservieren, aber erst für einen Abend in vier Wochen. Die dreißigtägige Vorfreude wird genauso schön sein wie der Theater- oder Konzertbesuch selbst.

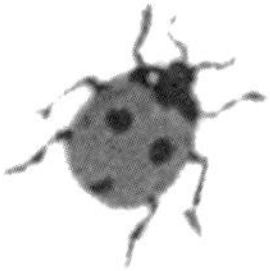

162

Versuchen Sie Ihr Glück.
Oft. Noch ein Mal.
Ja, Nochmal. Und nochmal.
Und nochmal. Und nochmal.
Und nochmal. Und nochmal.
Und nochmal. Und nochmal.

163

Warum nicht mal für ein Wochenende ein Kabrio mieten?

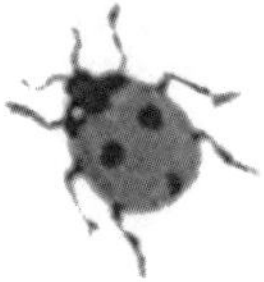

164

Wie wäre es, wenn Sie öfter „Guten Tag“, „Bitte“, „Entschuldigung“ und „Danke“ sagten?

165

Seien Sie die Erste – der Erste –, die (der) nach einer Aufführung oder einer Rede applaudiert.

166

Organisieren Sie mit Ihren besten Freunden eine Grillparty.

167

Denken Sie sich einen neuen Kosenamen für Ihren Partner/Ihre Partnerin aus, den Sie dann auch wirklich benutzen.

168

Abonnieren Sie ein Monatsmagazin mit Kreuzworträtseln. Legen Sie das aktuelle Exemplar zusammen mit einem Bleistift und einem Radierer in die Toilette.

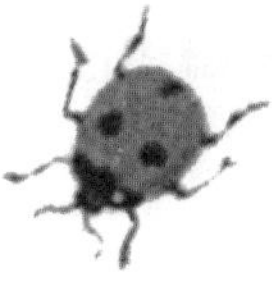

169

Das Kind in sich bewahren ...

170

Erklären Sie Ihrem Partner/Ihrer Partnerin, daß Sie auf einem Wochenplaner die Tage eintragen werden, die Sie gemeinsam verbringen wollen. Schenken Sie ihm dann einen solchen Kalender, auf dem Sie bereits alle Tage angekreuzt haben.

171

Benutzen Sie dazu goldene Sticker in Herzform.

172

Ein Parfum ausprobieren, das noch besser zu Ihnen paßt.

173

Es ist gut, Träume ins Bewußtsein zurückzuholen. Das gilt vor allem für Träume aus der Kindheit. Denn: Träume vergessen ist wie Sterben.

174

Lernen Sie, schlechte Erinnerungen auszuradieren.

175

Verpassen Sie keine Gelegenheit, vor Publikum zu sprechen.

176

Es ist absolut lebenswichtig, sich seine persönliche Oase schaffen, wo man seine „Akkus“ wieder aufladen, zu sich selbst zurückfinden und nach neuen Lösungen und Wegen suchen kann.

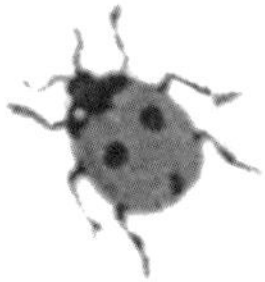

177

Nichts ist schöner, als in Parks und öffentlichen Gärten zu flanieren, wenn sich in den Rosenanlagen die Knospen öffnen und zu blühen beginnen.

178

Die eigenen Gefühle zulassen ... Wenn Ihnen danach zumute ist, lachen Sie eben ungeniert von ganzem Herzen, und wenn Sie einen Kloß im Hals spüren, dürfen Sie ruhig weinen. „Loslassen“ lautet die Parole.

179

Gehen Sie Walderdbeeren und Brombeeren pflücken, und sammeln Sie später im Herbst Eßkastanien auf.

180

Was würden Sie in Ihrem Leben ändern, wenn Ihnen keinerlei Grenzen gesetzt wären? Sie sollten mindestens drei Ideen zusammentragen.

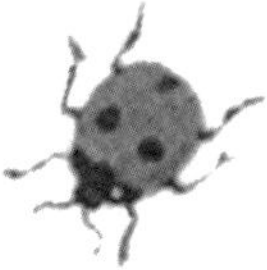

181

Verpassen Sie niemals das Neujahrskonzert in Wien. Es wird jedes Jahr *live* im Fernsehen übertragen.

182

Schließen Sie die Augen, und wünschen Sie sich etwas.

183

Legen Sie gut sichtbar die Unterwäsche heraus, in der Sie Ihren Partner gerne sehen oder mit der Sie ihn gerne bekleidet wissen würden.

184

Es wäre schade, sich um ein Vergnügen zu bringen, nur weil man sich insgeheim nach etwas Besserem sehnt.

185

Nur die Luxusversion der Haushaltsmaschine ist gut genug für Sie. Sie soll Ihnen schließlich das Leben einfacher machen.

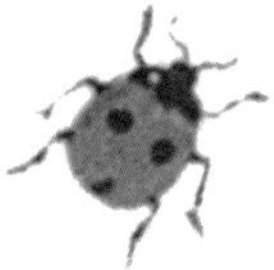

186

„Wie schön, Sie wiederzusehen“:
Ein Satz, den man gerne
öfter sagen könnte.

187

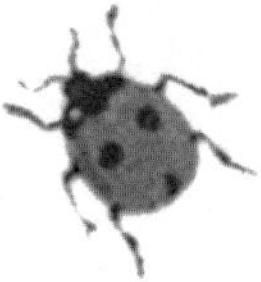

Man muß das Leben nehmen,
wie es kommt.

188

Es ist geradezu magisch, die Natur aus der Höhe zu betrachten. Vom Gipfel des Mont Blanc zum Beispiel: Das ist einzigartig, unendlich, wunderbar.

189

Welches sind Ihre Lieblingsbücher, -zeitschriften, -sportarten, -sänger/innen, -restaurants, -parfums, -farben etc. ? Bestimmen Sie auf jeder Liste den absoluten Favoriten.

190

Es ist wichtig, immer nur *ein* Ziel zu verfolgen. Darauf sollten Sie allerdings geradlinig und ohne sich ablenken zu lassen zusteuern. Dann wird sich eine ganz natürliche und logische Abfolge der Arbeitsschritte ergeben.

191

Sagen Sie Ihren Kindern so oft wie möglich, daß Sie stolz auf sie sind und daß sie große Fortschritte gemacht haben.

192

Haben Sie Ihrem Partner/Ihrer Partnerin schon einmal die Haare gewaschen?

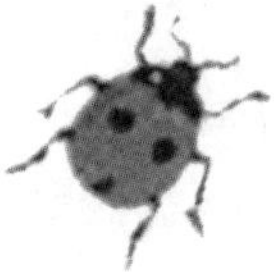

193

Keine Sorge, wenn etwas schwierig ins Rollen zu bringen ist. Tun Sie Ihr Bestes, und denken Sie anschließend nicht mehr an die Angelegenheit.

194

Kaufen Sie – ohne groß darüber nachzudenken – zehn Photoalben mit selbstklebenden Ecken.

195

Lernen Sie, sich zu mögen. So wie Sie sind – mit Ihrem Innenleben, Ihrem Aussehen und allem anderen, das zu Ihnen gehört.

196

Warum sich nicht zu einem Zen-Kurs anmelden?

197

Verkleiden Sie sich, bevor Sie heute Abend nach Hause kommen, aber ohne vorher Bescheid zu sagen.

198

Vielleicht können Ihre Großeltern Ihnen helfen, den Stammbaum Ihrer Familie zu erstellen.

199

Man sollte vermeiden, immer wieder von vorne anzufangen. Suchen Sie nach Möglichkeiten, geleistete Arbeit und vorausgegangene Erfolge neu einzusetzen. Das ist eine Art *Recycling*.

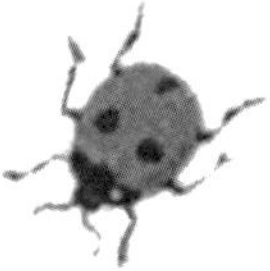

200

Es ist herrlich, im Freien zu picknicken. Nutzen Sie jede Gelegenheit, die sich Ihnen bietet.

201

Schon der römische Dichter und Philosoph Seneca sagte, daß es keine günstigen Winde für jene gebe, die ihren Weg nicht kennen. Führen Sie das Glück also bis vor Ihre Tür.

202

Spontan sein!

203

Entspannen Sie sich. Lassen Sie vor Ihrem inneren Auge die drei schönsten Momente Ihres Lebens vorüberziehen.

204

Sehen – Hören – Tasten – Schmecken – Riechen. Konzentrieren Sie sich auf jeden einzelnen Ihrer fünf Sinne, und versuchen Sie später, die jeweils besonderen intensiven Gefühle aufleben zu lassen.

205

Wie wäre es, sich ein Klavier zu mieten?

206

Sie könnten sich drei Zaubertricks beibringen.

207

Man kann gute Laune an sich ziehen. Zum Beispiel, indem man in seiner Umgebung etwas mehr Farbe schafft und fröhliche Farbtöne für die Kleidung wählt. Warum eigentlich nicht Rosa? Zartrot? Rosenfarben?

208

Es ist keine gute Idee, über eine Preisermäßigung zu verhandeln, bevor man nicht den Gesamtbetrag der Rechnung kennt.

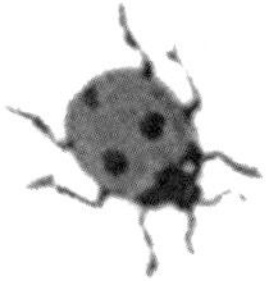

209

Gedanken sollen befreien,
nicht begrenzen und einengen.

210

Kritisieren Sie Ihren Partner/Ihre Partnerin nie so stark, daß er oder sie sich verletzt fühlt. Sie tun ihm/ihr nur unnütz weh.

211

Haben Sie schon einmal ein kleines Kätzchen im Arm gehabt? Und gehört, wie es schnurrt?

212

Im Sommer am Strand eine eisgekühlte Melone verzehren ... und alle viere von sich strecken.

213

Wenn Sie das nächste Mal mit dem Flugzeug verreisen, bitten Sie darum, das Cockpit besichtigen zu können.

214

Organisieren Sie für Ihre besten Freunde/Freundinnen zu deren Geburtstag eine Überraschungsparty.

215

Es ist doch nichts verkehrt daran, den Photos von Ihren Liebsten in der Brieftasche ein kleines Sonderplätzchen einzuräumen!

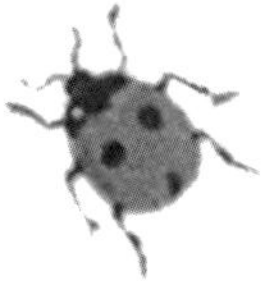

216

Man darf ruhig gelegentlich einer Laune nachgeben. Auch wenn sie ein bißchen verrückt ist.

217

Kaufen Sie mehr Gemüse und Obst ein.

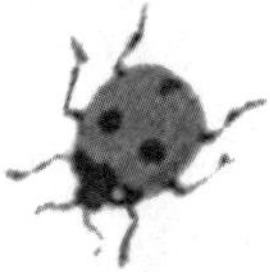

218

Es gibt in jeder Stadt viele Kurse für künstlerische Ausdrucksformen: Malerei, Zeichnen, Bildhauerei und vieles mehr. Versuchen auch Sie, das Richtige für sich zu finden.

219

Vielleicht führt Ihre Suche aber auch eher in Richtung Tanzkurs. Egal, ob Rock 'n' Roll oder Volkstanz.

220

Geben Sie ordentliche Trinkgelder. Sie können gelegentlich auch zusätzlich ein Lotterielos auf dem Tisch zurücklassen.

221

Versuchen Sie, so oft wie möglich mit der richtigen Person zur richtigen Zeit am richtigen Ort zu sein.

222

Suchen Sie nach neuen Aktivitäten, die Ihren Adrenalinspiegel etwas in die Höhe treiben.

223

Den Körper Ihres Partners oder Ihrer Partnerin liebkosen. Jeden Quadratzentimeter. Und sich dabei Zeit lassen.

224

Es ist wirklich kein Problem, sich von drei verschiedenen Reisebüros die Kataloge zu besorgen.

225

Wasserski ist angesagt. Sie sollten trainieren, bis Sie es wagen, mit einem Monoski loszudüsen.

226

Ohne Hintergedanken jemandem einen Gefallen tun ... Nicht weil Sie müssen, sondern weil es Ihnen Spaß macht; keinesfalls jedoch, weil Sie sich im Gegenzug Liebe erhoffen.

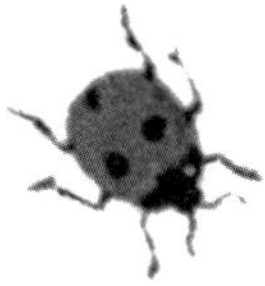

227

Schalten Sie ruhig mal einen Gang runter. Sagen Sie sich: „Ich nehme mir die Zeit zu leben.“ Und genau das tun Sie dann auch. Leben Sie in den Tag hinein.

228

Signalisieren Sie, wenn Ihnen etwas nicht passt. Warten Sie nicht darauf, daß die anderen es von allein merken.

229

Warum müssen Sie sich mit anderen Leuten vergleichen?

230

Wenn man an einem schön gedeckten Tisch speist, bekommt auch das Essen eine ganz besondere Note. Eine raffinierte Tischdekoration lohnt sich immer.

231

Lernen Sie Seilspringen.

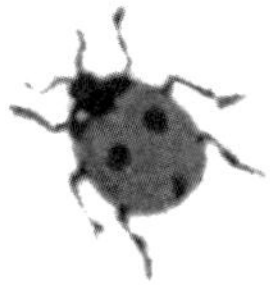

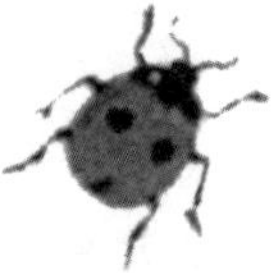

232

„Carpe Diem!“ –
„Pflücke den Tag!“ (Horaz):
Hier und sofort.
Nie werden Sie die Zeit
zurückdrehen können.
Deswegen sollten Sie diesen,
ja jeden Moment genießen.

233

Menschen, die man richtig gern hat, darf man ruhig öfter in den Arm nehmen. Vor allem, wenn es keinen besonderen Grund dazu gibt.

234

Seien Sie großzügig.

235

Gute Vorsätze zum Neujahr sind gar nicht schlecht. Schreiben Sie sie nieder, und versuchen Sie, sich einundzwanzig Tage daran zu halten. Dann haben Sie's geschafft, und Ihre Vorsätze werden zur Gewohnheit.

236

Man kann gar nicht genügend Menschen einen „Guten Tag" wünschen.

237

Holen Sie Ihren Liebsten – Ihre Liebste – am Bahnhof oder am Flughafen ab; egal, an welchem Tag oder zu welcher Uhrzeit.

238

Ihr nächster Vorsatz: Nicht mehr eifersüchtig sein. Das verändert das Leben und ist außerdem ziemlich witzig, denn meistens wird dann der andere eifersüchtig.

239

Nicht auf eine Inspiration warten. Machen Sie sich an die Arbeit. Setzen Sie sich daran, auch wenn Sie anfangs nicht überzeugt davon sind. Inspiration und Lust stellen sich mit der Zeit von ganz alleine ein.

240

Versuchen Sie doch einmal, zunächst mit zwei, dann mit drei Bällen zu jonglieren.

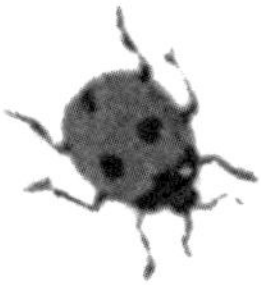

241

Wie wäre es, mit Ihren Freunden und Freundinnen mal einen Angeltag zu organisieren?

242

Es ist eine schöne Angewohnheit, Blumen mit nach Hause zu bringen – wenigstens einmal in der Woche.

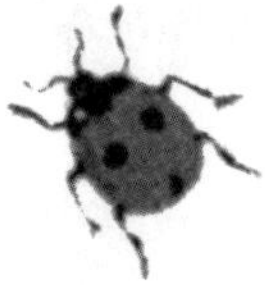

243

Laden Sie Ihren Partner oder Ihre Partnerin zu einem außergewöhnlichen Picknick ein. Das kann am Strand oder am Flußufer sein, oben auf einem Leuchtturm oder im Schnee ...

244

Gehen Sie öfter mal ein Risiko ein. Um erfolgreich zu sein, muß die doppelte Rate persönlicher Mißerfolge in Kauf genommen werden.

245

Sich die Zeit nehmen, dem anderen bei der Begrüßung die Hand zu geben.

246

Wenn Sie tief einatmen, sollten Sie sich gleichzeitig strecken. Die Bauchatmung ist deswegen besonders zu empfehlen, weil sie erneuernd auf den Körper wirkt.

247

Seien Sie vernünftig:
Gönnen Sie sich etwas!

248

Wissen Sie, wie man eine Glühbirne auswechselt oder einen Stecker repariert?

249

Ermutigen Sie die Leute dazu, von sich und ihren Interessen zu erzählen. Sie werden darüber verwundert sein, was Sie alles dabei lernen und wie interessant Sie es finden.

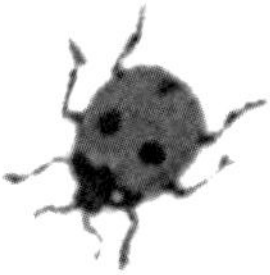

250

Entscheidungskraft ist gefragt. Treffen Sie klare Entscheidungen. Und daß Sie nicht auf die Idee kommen, hinterher wieder einen Rückzieher zu machen.

251

Öfter Küsse, Schmuser und Schmatzer verteilen, gerade dann, wenn es keinen besonderen Grund dafür gibt.

252

Dem Partner den Rücken kraulen oder der Partnerin ...

253

Und ihn oder sie dann fragen, ob die Reihe jetzt nicht an Ihnen sein sollte.

254

Was würden Sie an Ihrem Leben ändern, wenn Sie wüßten, daß Sie nur noch ein Jahr zu leben hätten? Suchen Sie nach drei Ideen, die Sie dann auch sofort umsetzen.

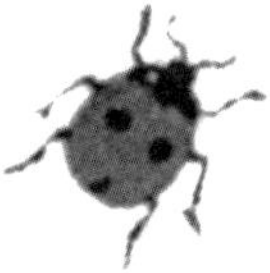

255

Was würden Sie mit Ihren letzten Lebensstunden anfangen, wenn Sie wüßten, daß Sie morgen sterben müssen? Geben Sie sich zwei Tage, um das Ergebnis Ihrer inneren Befragung in die Tat umzusetzen.

256

Sie haben das Recht, Ihren Gefühlen Ausdruck zu verleihen, Sie müssen nicht immer stark sein. Zeigen Sie Ihr wahres Gesicht. Öffnen Sie sich.

257

Kindern Geschichten vorlesen!

258

Das ist doch eine Idee: sich einer Kurbehandlung mit rotem koreanischen Ginseng unterziehen!

259

Nehmen Sie sich vor, einen Monolog aus einem klassischen Theaterstück auswendig zu lernen.

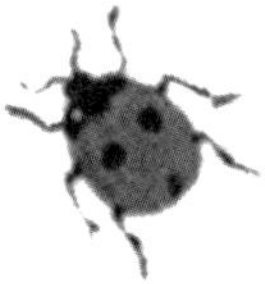

260

Schluß mit dem Bühnenspiel: Seien Sie endlich Sie selbst. Handeln Sie so, wie Sie denken, statt immer nur den Erwartungen anderer entsprechen zu wollen.

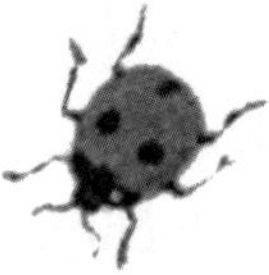

261

Laden Sie Ihren Partner dazu ein, gemeinsam mit Ihnen einen Sonnenuntergang zu erleben, zu beobachten, wie erst der Mond aufgeht und dann die Sterne am Himmel erscheinen. Es gibt keine bessere Gelegenheit, allein zu zweit einen Wunsch auszusprechen.

262

Warum nicht mal mit dem eigenen Look spielen: andere Frisur, andere Haarfarbe, andere Brille, anderes Make-up, andere Uhr etc.

263

Man sollte sich die Zeitungsartikel aufheben, die einem Schwung geben und Mut machen.

264

Es ist ein besonderes Erlebnis, Aquarien mit tropischen Fischen anzuschauen. Eine solche Farbenpracht ist selten.

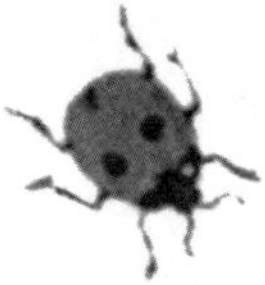

265

Widmen Sie Ihre Zeit dem Wesentlichen, verschenken Sie Ihre kostbare Zeit nicht. Was nicht wesentlich ist, kann als unnütz abgetan werden.

266

Wäre es nicht lustig, zu Ihrem Geburtstag ein Karaoke zu veranstalten?

267

Es ist wichtig, seinem gesunden Menschenverstand zu vertrauen.

268

Sie sind versucht, eine alte und unglückliche Liebesgeschichte neu aufflammen zu lassen? Widerstehen Sie dieser Versuchung.

269

Versuchen Sie nie, perfekt zu sein.
NIE.

270

Wenn man beim anderen eine Wimper findet, darf dieser sie wegpusten und sich etwas wünschen. Denken Sie sich ähnliche „Glücksbringerle“ aus, damit Sie sich zusammen mit einem geliebten Menschen etwas wünschen dürfen.

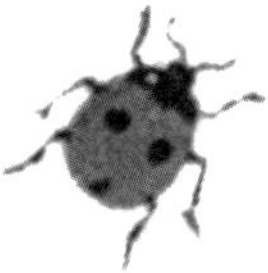

271

Gegenüber von Notre-Dame in Paris gibt es einen Null-Kilometer-Stein: Machen Sie gemeinsam mit Ihrem Liebsten/Ihrer Liebsten einen Riesenhüpfer darauf, und sprechen Sie dabei heimlich einen Wunsch aus.
Oder Berlin: Wer zum ersten Mal mit seinem Liebsten/seiner Liebsten durch das Brandenburger Tor schreitet, darf sich etwas wünschen.
Und es gibt noch mehr magische Orte!

272

Verfassen Sie lauter kleine Liebesbotschaften, die Sie dann an verschiedenen Orten in der Wohnung verstecken. Was meinen Sie, wie schön all diese Überraschungen sein werden.

273

Jemand hält Ihnen auf der Straße einen Prospekt entgegen. Nehmen Sie ihm das Blättchen ab!

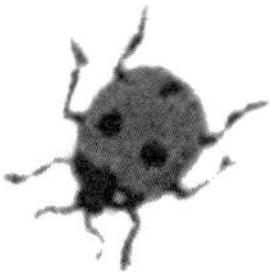

274

Einmal im Leben muß man auf einem Kamel oder einem Elefanten geritten sein.

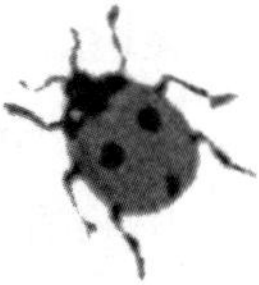

275

In Ihrem Kopf drehen sich nur noch komplizierte Gedanken? Stop, Halt! Lassen Sie alles andere stehen und schaffen erstmal innere Klarheit.

276

Ab und zu muß man sich eine gute Flasche Wein gönnen – oder einen hervorragenden Saft!

277

Kaufen Sie sich ein Spiralheft, damit Sie gute Ideen immer auch gleich aufschreiben können.

278

Wissen Sie, wo man besonders gut mit dem Sparen ansetzen kann? Bei den Statussymbolen.

279

Sie sollten den Plänen und Aktionen Vorrang geben, die Ihrem inneren Gleichgewicht und Ihrer Ausgeglichenheit zugute kommen.

280

Lernen Sie, Knöpfe anzunähen.

281

Kinder freuen sich riesig, wenn Erwachsene sie zum Lachen bringen. Sie brauchen nur wie ein Känguruh zu hüpfen oder wie ein Affe mit den Armen zu baumeln.

282

Warum denn nicht nach dem Unmöglichen fragen? Sie werden auf alle Fälle mehr positive Antworten bekommen, als Sie erwartet haben.

283

„Ich liebe dich." Diesen magischen Satz sollten Sie in mehreren Sprachen sagen können; in italienisch, hebräisch, griechisch, japanisch, arabisch, chinesisch, russisch, schwedisch und spanisch.

284

(Ti amo. Ani ohev otar. S'Agapo. Ai shite imassu. Bahibak. Wo ai nei. Ya liubliu tiebia. Jag alskar dig. Te quiero.)

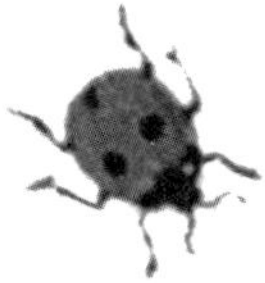

285

Blühende Lavendelfelder sind ein Fest für die Sinne. Ein besonders schönes gehört zum ehemaligen Zisterzienserkloster Sénanque bei Gordes in Südfrankreich. Schauen Sie es sich an.

286

Können Sie leise vor sich hin pfeifen?

287

Nehmen Sie gemeinsam mit Ihrem Partner oder Ihrer Partnerin an Workshops und Kursen teil: Archäologie, Moderne Kunst, Önologie, Drachenfliegen oder Alpinismus. Die Wahl steht Ihnen offen, Sie müssen sich nur fest vornehmen, etwas gemeinsam zu unternehmen.

288

Sie können ruhig hundertmal weniger Ideen, Pläne und Projekte haben. Hingegen sollten Sie öfter handeln, konkret werden. Was Sie wirklich zur Durchführung bringen, hat tausendmal mehr Effekt als alles, was Sie sich ausdenken könnten.

289

Flüchten Sie unbedingt vor Leuten, die sich ständig sorgen und leiden, als gehörte dies unabwendbar zum Leben.

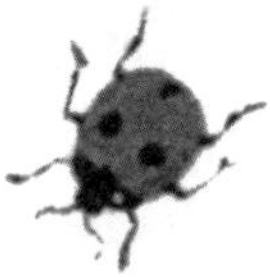

290

Schaukeln ... In einem Schaukelstuhl, in einer Hängematte, wo auch immer Sie wollen. Langsam.

291

Seien Sie sich selbst die beste Freundin – der beste Freund.

292

Lernen Sie, immer mehr zu delegieren. Erfolg zu haben, indem man anderen zum Erfolg verhilft, ist das Geheimnis zahlreicher Erfolgserlebnisse.

293

Warum kostbare Zeit mit Gedanken an Feinde verschwenden?

294

Bremsen Sie Ihre Arbeitswut. Das ist in jedem Fall besser, als zu schuften wie ein Wahnsinniger.

295

Wissen Sie noch, wie es war, als Sie mit zehn in den Obstbäumen herumkletterten, um Kirschen und Pflaumen zu pflücken? Wie wär's – im nächsten Sommer?

296

Es ist einfach toll, sich vor eine knisternde Feuerstelle zu setzen und sich von den Flammen fesseln, ja hypnotisieren zu lassen. Und wenn Sie dann noch grobes Salz darauf werfen, lodert plötzlich alles grün ...

297

Schaffen Sie Platz in Ihrem Kopf: Notieren Sie allen Kleinkram, damit Sie anschließend nicht mehr daran denken müssen.

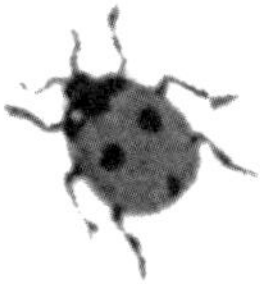

298

Verschenken Sie kein Buch, in das Sie nicht vorher eine Widmung geschrieben haben.

299

Sprechen Sie einen Wunsch aus für einen Menschen, den Sie gerne haben.

300

Ziehen Sie sich das T-Shirt über, das Ihr Liebster/Ihre Liebste vorher getragen hat.

301

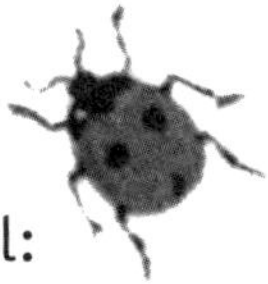

Sie müssen Pläne machen!
Das Leben ist wie ein Spiegel:
Es gibt nicht mehr als das, was man von ihm erwartet.

302

Einen Glühwein schlürfen, wenn der erste Schnee fällt ... Ist das nicht der Inbegriff von Gemütlichkeit?

303

Lassen Sie Luftballons an die Decke aufsteigen und hängen Sie ein kleines Geschenk daran.

304

„Der erste Schritt entspricht bereits achtzig Prozent des Erfolgs" (Woody Allen). Ein Schritt reicht also. Worauf warten Sie?

305

Führen Sie eine neue Tradition ein: Laden Sie einmal im Jahr an einem bestimmten Tag – zum Beispiel dem letzten Januarsonntag – alle Ihre Freundinnen und Freunde zu sich ein.

306

Haben Sie Ihren Liebsten/Ihre Liebste schon einmal richtig durchgekitzelt?

307

In Ihre Videothek gehört mindestens ein kitschiger Liebesfilm, wie zum Beispiel *Pretty Woman* oder *Sabrina*.

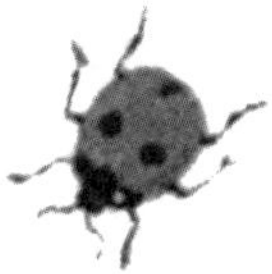

308

Wenn Sie eine Arbeit wählen, die Sie lieben, oder wenn es Ihnen gelingt, unliebsame Aufgaben gegen solche auszutauschen, die Ihnen Spaß machen, dann werden Sie nie mehr in Ihrem Leben arbeiten. *Also, Schluß mit dem Arbeiten!*

309

Die eigenen Prinzipien muß man respektieren.

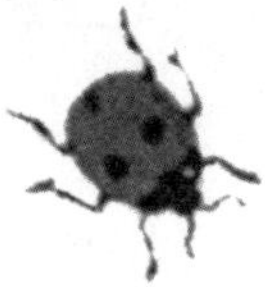

310

Schauen Sie sich nur aufgezeichnete Fernsehsendungen an. Dank des Videogerätes sparen Sie fünfzig Prozent Ihrer Zeit und gewinnen fünfhundert Prozent an Programmqualität.

311

Reiben Sie Ihren Partner/Ihre Partnerin genüßlich und langsam mit einem warmen Handtuch ab.

312

Begrüßen Sie jeden Morgen mit Liebe, Vertrauen und innerem Frieden.

313

Ab und zu sanfter Musik lauschen …

314

Denken Sie sich drei Ideen aus, wie Sie Ihre Umgebung verschönern könnten.

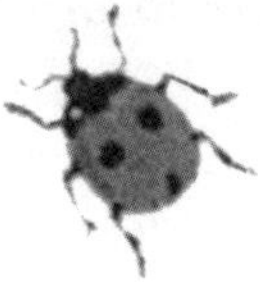

315

Singen Sie öfter mal. Ohne besonderen Grund, aus vollem Halse, ruhig auch alleine – zusammen mit Kindern ist es allerdings noch viel schöner!

316

„Vermessen" Sie den Körper Ihres Partners/Ihrer Partnerin: Hals, Brust, Arme, Hände, Finger, Becken, Oberschenkel, Waden, Füße ... und alles andere auch.

317

Bitte kritisieren Sie kein Geschenk, das Sie gerade erst erhalten haben.

318

Meiden Sie Menschen, die Sie runtermachen oder Ihnen Ihre Energie aussaugen.

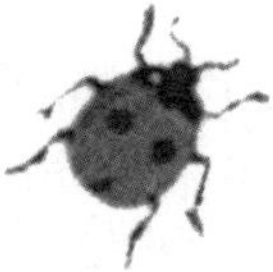

319

Wenn Sie drei Tage unter akutem Zeitdruck stehen, sollten Sie sich eine Stunde Ruhe gönnen, um Ihre Prioritäten neu festzulegen. Alles, was nicht wesentlich ist, kann verschoben oder sogar abgesagt werden.

320

In eine warme Wanne mit gutriechenden Badesalzen oder Algen schlüpfen …

321

Bei jedem wichtigen Anlaß könnten Sie einen Baum pflanzen: Obstbäume bei Geburtstagen und eine Eiche bei jeder Geburt.

322

Sie planen eine Fernreise – womöglich als aufwendigen Kurztrip? Vielleicht sollten Sie sich in Erinnerung rufen, daß Europa für die Schönheit und Vielfalt seiner Landschaften gerühmt wird.

323

Sie machen ein Paket mit lauter kleinen Geschenken. Jedes einzelne Geschenk steht für einen Buchstaben des Vornamens Ihres Liebsten/ Ihrer Liebsten.

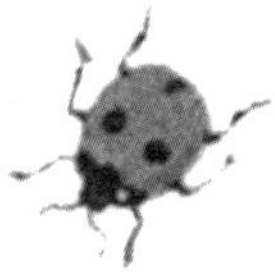

324

Dazu kommt noch ein kleines Extra: Konfetti, kleine Herzchen, Parfum, eine Photocollage, Sand, Lippenstiftküsse, ein Haar von Ihnen, Ihre Fingerabdrücke oder ähnliches.

325

Wenn Ihre Nachbarin einen guten Installateur, eine gute Zahnärztin oder einen Babysitter kennt, fragen Sie sie unbedingt nach deren Adresse und Telefonnummer.

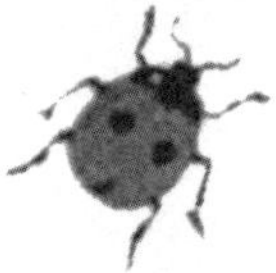

326

Ist Ihnen bewußt, daß SIE über IHRE Zeit verfügen dürfen, daß Sie damit tun und lassen können, was Sie wollen? In völliger Freiheit, und ohne daß Ihnen irgend jemand dazwischen kommt?

327

Besorgen Sie sich Nackenkissen und Ohropax für Ihre nächste Flugreise.

328

Verwöhnen Sie Ihren Schatz, indem Sie ihn oder sie zum Mittagessen in ein wirklich gutes Restaurant einladen. Einen „Stern“ sollte es schon aufweisen könnnen.

329

Nutzen Sie Ihr Leben voll aus.
Stehen Sie morgens früher auf.

330

Sie können sich in die Zukunft projizieren und sich Ihre Fortschritte bildlich vorstellen. Was aus Ihnen werden wird, ist viel interessanter als das, was Sie bereits sind.

331

Gemeinschaftssport ist etwas Tolles. Suchen Sie sich einen solchen Sport aus, auch wenn Sie nur unregelmäßig mitmachen können.

332

Mit dem Wichtigsten muß begonnen werden. Dringliches hingegen kann immer auch warten.

333

Manchmal haben Übertreibungen etwas Liebenswürdiges: Wenn Ihr Partner Kaugummis mag, kaufen Sie halt gleich drei Kilo von dem Zeug.

334

Machen Sie reinen Tisch: Ein klarer Kopf öffnet Türen zum Glück.

335

Open-Air-Konzerte darf man sich einfach nicht entgehen lassen.

336

„Entsorgen" Sie sämtliche dunklen, kargen und langweiligen Seiten Ihres Lebens. Weg damit, und zwar *sy-ste-ma-tisch*!

337

Sagen Sie Ihrem Schatz, warum Sie ihn/sie lieben. Sie könnten bei Ihrer Liebeserklärung vielleicht mit den zehn wichtigsten Gründen anfangen.

338

Machen Sie sich auf die Suche nach einem vierblättrigen Kleeblatt.

339

Langfristige und großangelegte Pläne und Projekte sollten besser in klare, präzise bezeichnete und datierte Teilziele aufgesplittet werden. Mehr als zehn sollten Sie sich jedoch auch davon nicht aufbürden.

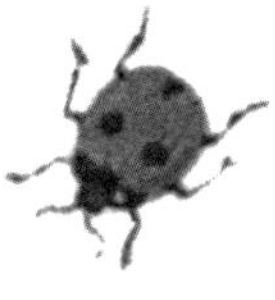

340

Legen Sie sich einen Terminkalender zu, in dem Sie ordentlich notieren, welches Ziel Sie wann erreicht haben wollen.

341

Zu diesem Erfolgsprogramm gehört, daß Sie in der Lage sind, Ihre Pläne, Zieletappen, Ihre Zeitplanung sowie den Gesamtkontext Ihrer Aktionen jedem x-beliebigen Menschen erklären zu können.

342

Nehmen Sie sich Ihre Zielliste immer wieder vor und lesen nach, wie die einzelnen Sequenzen aufeinander folgen. Verinnerlichen Sie diesen Ablauf, lernen Sie ihn auswendig, damit er Ihnen immer die richtige Richtung weist.

343

Sind Sie schon einmal auf Kissen gelaufen?

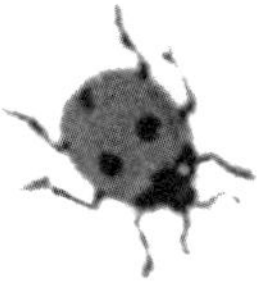

344

Wer Bekanntschaften machen will,
muß sich dementsprechend
oft vorstellen.

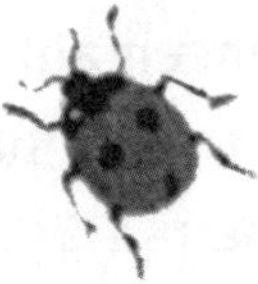

345

Sind Sie schon einmal zu zweit in einen Paternoster gesprungen? Diese Aufzüge haben etwas sehr Aufregendes.

346

Ein aufgeschlagenes Kochbuch mit
schönen Photos in der Küche ist eine
echte Inspirationsquelle.

347

Eine Frage, die Sie sich immer wieder stellen sollten: „Wie könnte ich meine Zeit genau jetzt am allerbesten nutzen?“ Suchen Sie als Antwort nach der allerbesten der allerbestesten Beschäftigungen. Und dann heißt es: *Action*.

348

Haben Sie schon einmal in einer Hängematte gelegen? Ein wunderbarer Ort um den Himmel zu beobachten, dem Wind und dem Rascheln der Blätter zu lauschen.

349

Verfügen Sie zu Hause über mehrere Fahrräder? Dann können Sie nämlich spontan und jederzeit mit Freunden und Freundinnen Ausflüge organisieren.

350

Warum nicht zwei Mini-Abmachungen mit sich selbst treffen?

351

Achten Sie darauf, nicht unterbrochen zu werden, wenn Sie konzentriert an etwas arbeiten. Das wird Ihre Leistungsfähigkeit verdreifachen. Lernen Sie gleichzeitig, nein zu sagen und Termine zu vergeben.

352

Helfen Sie anderen. Spontan und ohne eine Gegenleistung zu erwarten.

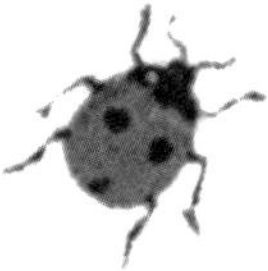

353

Zehn Minuten ungeteilte Aufmerksamkeit – das ist das, was Sie der Liebe Ihres Lebens täglich schenken sollten.

354

Haben Sie sich schon einmal überlegt, zusammen mit Freunden eine Kletter- oder Trekking-Tour zu machen?

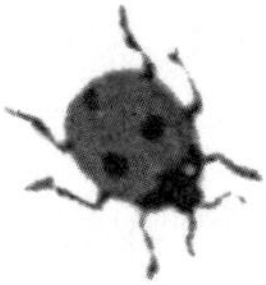

355

Nehmen Sie sich vor, von jetzt ab aus freier Entscheidung zu handeln und nicht länger aus dem Gefühl der Verpflichtung oder Schwäche heraus.

356

Geben Sie den Vögeln draußen Futter. Hören Sie ihrem Zwitschern zu, und folgen Sie ihrem Flug im Himmel.

357

Die Vorfreude ist etwas ganz Besonderes. Kein Grund zur Eile also.

358

Haben Sie immer ein gutes Buch neben Ihrem Bett liegen?

359

Sorgen Sie für absolute Stille. Plötzlich werden innere Ruhe und tiefverborgene Weisheit greifbar.

360

Es ist eine unsichere Angelegenheit, sich immer nur auf sein gutes Gedächtnis zu verlassen: Schreiben Sie Ihre Ideen lieber auf, sonst verlieren Sie achtzig Prozent ihrer potentiellen Wirkung.

361

Die besten Ideen sind es wert, daß Sie sich immer wieder neu darauf beziehen. Es bedarf allein Ihrer Kreativität, um sie in neuer Aktualität auflodern zu lassen.

362

Vollmondnächte kann man mit seinem Liebsten oder seiner Liebsten besonders schön gestalten.

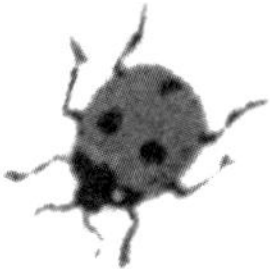

363

Spielen ist ein wahrer Jungbrunnen. Spielen Sie mit Kindern, mit Freunden, mit wem auch immer Sie Lust haben.

364

Sie werden doch nicht etwa eine Gelegenheit verpassen, mit Ihrem Partner/Ihrer Partnerin zu tanzen ...

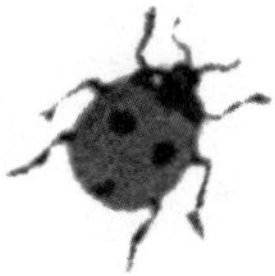

365

Sie könnten sich vornehmen, jeden Monat eine Zeitschrift zu kaufen oder ein Buch, das rein gar nichts mit Ihren üblichen Interessen und Gewohnheiten zu tun hat.

366

An welchem Tag haben Sie sich zum erstenmal geküßt? Das ist eine besondere Art Geburtstag, die zu feiern sich lohnt: mit „Ich liebe dich", Zärtlichkeiten und vielen Liebkosungen ... Ihnen fallen bestimmt noch zahlreiche andere Geburtstage ein.

367

Haben Sie schon einmal im Café eines Luxushotels gesessen und in aller Ruhe einen Kaffee oder eine dampfende Schokolade geschlürft?

368

Sorgen sollte man nicht mit dem Scanner durchleuchten, sondern schlichterdings „weglasern“!

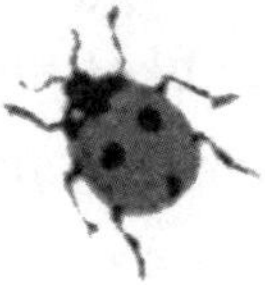

369

An einem Sommermorgen barfuß über taufrischen Rasen laufen ... Am besten schließen Sie die Augen, um diesen herrlichen Moment vollkommen zu genießen.

370

Warum wollen Sie die Nachrichten unbedingt im Fernsehen verfolgen? Wenn Sie Zeitung lesen, können Sie viel selektiver vorgehen.

371

Machen Sie Segelkurse mit, bis Sie sich dazu in der Lage fühlen, zumindest einmal allein hinauszusegeln.

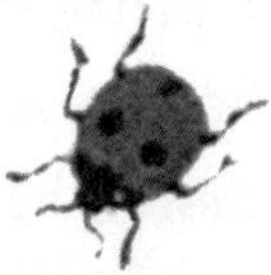

372

Sätze wie „Siehst du, ich hatte wieder mal Recht“ oder „Ich hab's dir doch gesagt“ tun nur unnütz weh und dürfen aus Ihrem Repertoire ersatzlos gestrichen werden.

373

Kennen Sie „Krabbelfangi“? Das wird Ihnen genauso viel Spaß machen wie den Kindern, vor allem, wenn Sie selbst Ihren Spielpartner/ Ihre Spielpartnerin auswählen.

374

Schreiben – Gedanken zu Papier bringen. Versuchen auch Sie es. Sie werden sehen, daß Ihre Ideen an Klarheit und Stärke gewinnen und sich leichter umsetzen lassen als reine Hirngespinste.

375

Ein bißchen Gymnastik jeden Tag tut wirklich jedem gut. Wenn Sie wüßten, wie dynamisch Sie sich hinterher fühlen.

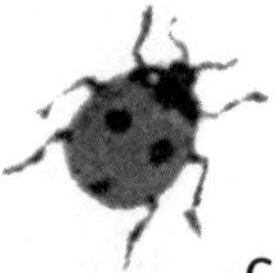

376

Sie haben es eilig mit dem Glücklichwerden? Achtung vor irgendwelchen dubiosen „Abkürzungen“. Wenn Sie sich Zeit lassen, kommen Sie schneller zum Ziel.

377

Wenn Sie das nächste Mal einen Regenbogen am Himmel entdecken, nehmen Sie sich die Zeit, innezuhalten und sich etwas zu wünschen.

378

Lächeln Sie anderen Menschen unwiderstehlich zu. Tun Sie es viel öfter. Ja, zweimal so oft und zweimal so lang wie bisher. Sie werden sehen, daß es Ihr Leben verändert.

379

Zahlreiche Pläne kommen nur deswegen nicht zur Durchführung, weil vergessen wurde, Beginn und Ende der Unternehmung terminlich festzusetzen. Dieser Fehler sollte Ihnen nicht unterlaufen.

380

Planen Sie einen Besuch im Planetarium oder im Naturkundemuseum.

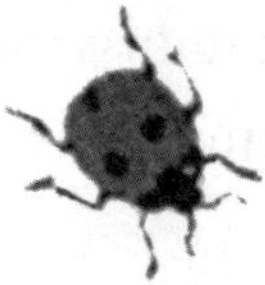

381
Nichts ist schöner als ein Mittagsschläfchen in der Hängematte.

382
Warum nicht wie die Kinder mit Knete spielen?

383
Ihr Partner/Ihre Partnerin wird begeistert sein, wenn Sie ihm oder ihr ohne große Vorankündigung eine Massage zuteil werden lassen: Kopfhaut, Hände, Finger, Rücken, Schläfe, Stirn, Füße oder Fußzehen?

384

Erarbeiten Sie sich eine bestimmte Anzahl an Merklisten, die Sie immer wieder benutzen können. Zum Beispiel: „Was gehört vor einer Reise in meinen Koffer?“ oder „Welche Grundeinkäufe erledige ich im Supermarkt?“ Mit wachsender Erfahrung können Sie Ihre Listen im Detail verbessern. Das führt zu weniger Streß, weniger Vergeßlichkeiten und bringt unschätzbaren Zeitgewinn.

385

Für zukünftiges Glück und Geld Zeit opfern? Warum? Sie riskieren nur große Enttäuschungen.

386

Denken Sie sich fürs nächste Mal einen ungewohnten Heimweg aus.

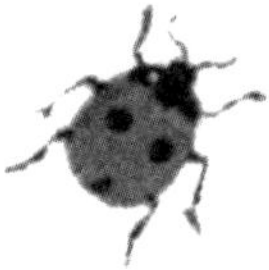

387

Schon einmal etwas von telepathischen Rendez-vous gehört? Machen Sie mit Ihrem Partner oder Ihrer Partnerin aus, an einem bestimmten Tag zu bestimmter Stunde intensiv aneinander zu denken und währenddessen alles andere liegenzulassen.

388

Warum sollten Sie eigentlich nicht gähnen? Im Gegenteil, das tut gut. Ganz langsam, dabei den Mund groß öffnen und sich nach allen Seiten strecken.

389

Verkneifen Sie sich zu zeigen, daß Sie recht haben. Lassen Sie die anderen doch in ihrer Eigenliebe triumphieren. Lieber glücklich sein als recht haben.

390

Zwingen Sie sich dazu, mehrmals am Tag an nichts zu denken, nichts zu analysieren und stattdessen ins Weite zu gleiten, in der totalen Freiheit zu schweben.
Das ist Zen.

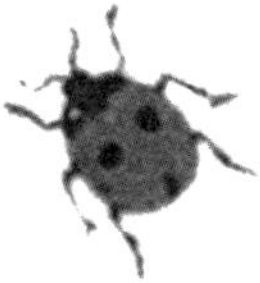

391

Suchen Sie das schönste Photo von sich und Ihrem Partner aus, und lassen Sie davon ein Poster machen.

392

Können Sie eine Krawatte binden?

393

Jemand fragt Sie nach Ihren Wünschen? Dann antworten Sie auch und reagieren nicht mit einem laschen „Egal“ oder „Was Sie wollen“.

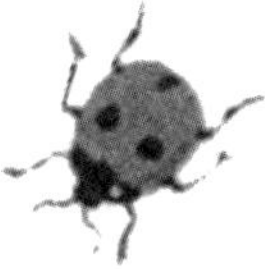

394

Einmal im Leben
Fallschirm springen!

395

Wie wäre es, Ihrem Liebsten/Ihrer Liebsten ab einem Monat vor seinem oder ihrem Geburtstag vier Wochen lang jeden Tag eine Glückwunschkarte zu schicken?

396

Ein behaglicher Sessel und daneben eine hübsche Schirmlampe: Es gibt keine gemütlichere Leseecke.

397

Wenn Sie konzentriert an einer Sache sitzen, sollten Sie Ihre Anrufe filtern. Entweder übernimmt das jemand in Ihrem Umfeld, oder aber Sie stellen den Anrufbeantworter ein.

398

Vor Ihrem nächsten Besuch in einer Kunstgalerie sollten Sie wenig essen. Ihr angestacheltes sinnliches Empfinden wird Sie die Schönheit der Kunstwerke ganz anders wahrnehmen lassen.

399

Überlegen Sie sich drei Wege, wie Sie mehr Gleichgewicht in Ihr Leben bringen können.

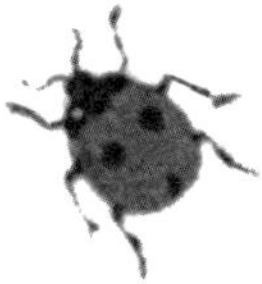

400

Können Sie mit sich selbst Frieden schließen?

401

Sie sollten so häufig wie möglich Orte besuchen, an denen sich Leute zusammenfinden, die auch Sie gerne treffen würden.

402

Es ist spaßig, mit Freundinnen oder Freunden zusammen einen Shopping-Nachmittag zu organisieren.

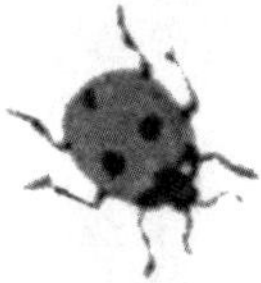

403

Bekunden Sie Ihre Ansichten mit Kraft und Überzeugung.

404

Das Leben ist sicher auch mit Ihnen schon rüde umgegangen. Versuchen Sie, daraus zu lernen, sonst landen Sie irgendwann wieder im gleichen Graben.

405

Auf Jahrmärkten und Kirmessen findet man Leckereien, die einen so wunderbar an die eigene Kindheit erinnern: Zuckerwatte, Lakritzschnecken, Himbeerbonbons, ...

406

Wie stellen Sie sich die schönsten Ferien Ihres Lebens vor? Tragen Sie drei Ideen zusammen. Dann brauchen Sie nur noch die Koffer zu packen ...

407

Ihr Liebster/Ihre Liebste freut sich sicherlich, wenn Sie ihm /ihr abends vor dem Einschlafen etwas vorlesen.

408

Feen erfüllen in der Regel drei Wünsche. Bitten Sie um den vierten, vielleicht klappt's ja.

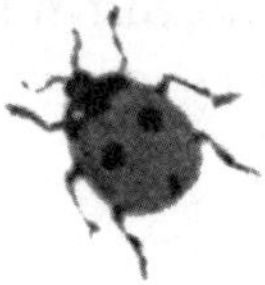

409

Es ist geschickter, aufwendigen Hickhack mit den Ämtern als Bürgerpflicht zu betrachten. Dann regen Sie sich nicht unnötig auf und verschwenden keine weiteren Gedanken daran.

410

Gehen Sie mit Ihrem Partner oder Ihrer Partnerin einkaufen.

411

Wer saubermacht und aufräumt, sorgt gleichzeitig für ein „Großreinemachen“ im Kopf. Das hat doch etwas Magisches, oder?

412

Nehmen auch Sie sich die Zeit zuzuschauen, wie ein Vogel sein Nest baut, eine Spinne ihr Netz oder Ameisen eine ganze Stadt.

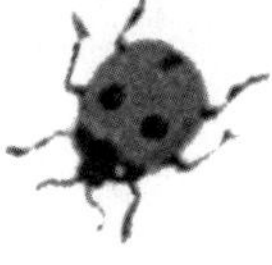

413

Lernen Sie Ihren Lieblingssong auswendig und dann noch *„Volare“*, *„Je t'aime“* und *„New York – New York“*.

414

Lesen Sie das Lieblingsbuch Ihres Partners/Ihrer Partnerin.

415

Auch die einfachsten Vergnügen und Freuden lassen sich mit Wonne auskosten.

416

Haben Sie Ihrem Schatz schon einmal rote Baccarat-Rosen geschenkt? Wenn Sie nicht wissen, aus welchem Anlaß: Den weiß er – oder sie – ganz gewiß.

417

Sie wollen doch nicht etwa bei der Anschaffung einer neuen Küche oder einer neuen Badezimmereinrichtung knausern? Beide sind von vitaler Bedeutung für Ihr Wohlbefinden. Sparen Sie lieber woanders.

418

Ärger kann man vermeiden. Das ist einfacher und kostet in der Regel weniger, als die Dinge nachher wieder ins Lot zu bringen.

419

Egal, wie kalt es ist, Sie sollten bei einem Aufenthalt am Meer zumindest die Füße ins Wasser tauchen. Hopp! Hüpfen Sie in die Wellen und atmen Sie dabei aus voller Brust.

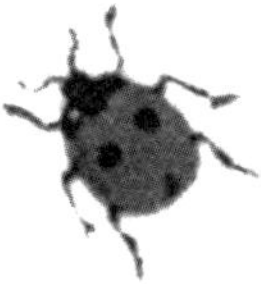

420

Leisten Sie sich eine Woche Urlaub pro Monat. Langfristig gesehen, werden Sie genauso produktiv sein wie vorher – und so viel glücklicher! Die Sache liegt auf der Hand: Vor Beginn des Urlaubs werden Sie sich beeilen, mit der Arbeit fertig zu werden, und nachher werden Sie vor Energie überschäumen und umso schneller arbeiten.

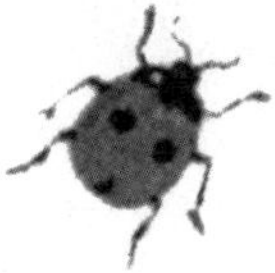

421

Nehmen Sie sich vor, wenigstens einmal in Ihrem Leben selbst Marmelade zu kochen.

422

Gönnen Sie sich eine Muße- und Schnupperstunde in einer guten Buchhandlung.

423

Wann waren Sie das letzte Mal auf einer Kinderrutsche?

424

Machen Sie viele Photos. Jetzt gibt es doch auch diese unkomplizierten Wegwerfapparate.

425

Einmal im Leben sollten Sie Ihren Liebsten/Ihre Liebste zu einer Schlitten- oder Kutschfahrt einladen.

426

Man kann Spezialbrillen für Sternenforscher ausleihen.

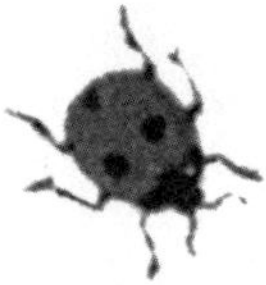

427

„Es ist sinnlos, sein Glück in weiter Ferne zu suchen, wenn man nicht versucht, es in sich selbst zu suchen und zu pflegen." (Rousseau). Es lohnt sich, über diesen Satz zu meditieren.

428

Machen Sie sich leichter – und zwar in jeder Hinsicht.
Nachher wird Ihr Leben schöner sein, leichter, einfacher und fröhlicher.

429

Lernen Sie, eine Melodie auf dem Klavier auswendig zu spielen.

430

Suchen Sie nach einer Idee, wie Sie Ihrem Liebsten/Ihrer Liebsten den Tag verschönern könnten.

431

Nach einem Sieg darf man ruhig mal die Sau rauslassen. Egal, ob Ihr persönlicher Sieg nun bedeutend oder eher bescheiden war.

432

Es ist keine gute Idee, anderen Leuten Börsentips zu geben.

433

Hie und da sollten Sie ruhig ein wenig von Ihrer Zeit verbummeln.

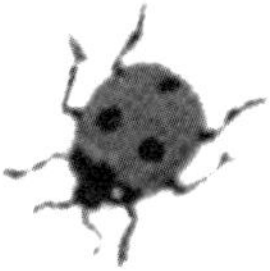

434

Fragen Sie Ihren Partner/ Ihre Partnerin doch mal, was in seinen oder ihren Augen alles erotisch ist. Aus den Antworten werden Sie viel lernen können.

435

Wenn Sie etwas hinter einem Schaufenster entdecken, was Ihnen wirklich gefällt, sollten Sie nicht daran vorbeigehen. Solche „Lustkäufe“ bereut man selten. Sie dürfen eben Wert und Preis der Dinge nicht verwechseln.

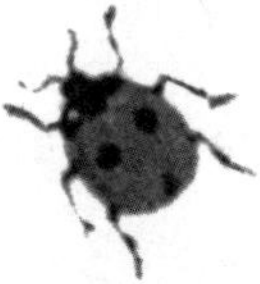

436

Ab und zu darf sich ruhig eine Unregelmäßigkeit in Ihren Alltag einschleichen. Schließlich gibt es auch Menschen, die in der Osterzeit Heißhunger auf Christstollen verspüren ...

437

Haben Sie Gelegenheit, ein Kaminfeuer anzuzünden und dazu selbst gesammeltes Reisig und selbst gehacktes Holz zu verwenden?

438

Es geht darum, folgende Szene zu visualisieren: Sie haben Ihren ganz besonderen Traum verwirklicht. Schreiben Sie jetzt genau auf, was Sie vor sich sehen (wo sind Sie, in welcher Jahreszeit findet die Szene statt, wieviel Uhr ist es) und was Sie hören, verstehen und empfinden.

439

„Wonach man beständig und von Herzen verlangt, das bekommt man auch“ (Napoleon). Zeigen Sie also Leidenschaft und Beständigkeit.

440

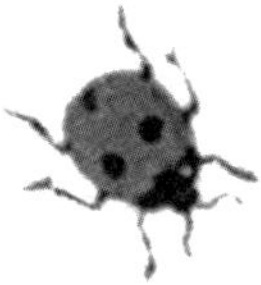

Organisieren Sie zu Hause ein romantisches Abendessen mit Kerzenlicht, raffinierter Tischdekoration, feinem Geschirr, Blumen sowie anderen kleinen Aufmerksamkeiten. Auch die Musik im Hintergrund darf nicht fehlen.

441

Wenn Sie etwas Wichtiges vor sich herschieben, müssen Sie versuchen herauszubekommen, wieso Sie Angst haben, die Sache richtig anzupacken.

442

Suchen Sie aus Ihren Schränken und Kommoden all die Kleidungsstücke heraus, die Sie seit zwei Jahren nicht mehr getragen haben. Sie können sie wirklich weggeben, ohne Angst vor Reuegefühlen zu haben.

443

Sagen Sie Ihren Kindern oft, wie sehr Sie ihnen vertrauen und daß Sie sie immer von Herzen lieben werden.

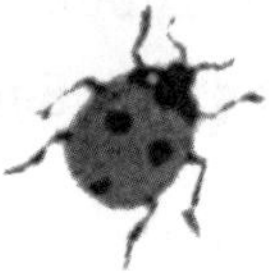

444

Wie verlockend für Ihre Partnerin, wenn Sie sie zu sich ins Bett einladen, um sich an Ihnen ihre eisigen Füße zu wärmen ... (Oder umgekehrt?)

445

Verfügen Sie in Ihren Unterlagen über einen aktuellen Lebenslauf, den Sie jederzeit verschicken könnten?

446

Eine Lufttaufe ist etwas Tolles. Das gleiche gilt fürs Tauchen oder Fallschirmspringen.

447

Wer über ein Videogerät und einen Anrufbeantworter verfügt, gewinnt hundert Prozent an Freiheit.

448

Reisen Sie ohne viel Gepäck.

449

Man hat jedesmal einen Wunsch frei, wenn man den ersten Schmetterling, die erste Biene, die erste Schwalbe im Jahr sieht.

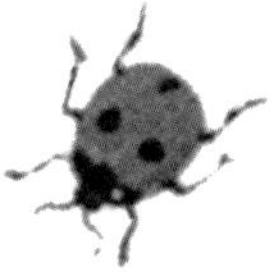

450

Lernen Sie, einen Drachen steigen zu lassen.

451

Pessimisten und Frustrierte sollte man wie die Pest meiden.

452

Schauen Sie Ihren inneren Schreckgespenstern fest in die Augen. Sie werden anfangen sich zu winden und sich von ganz allein in Luft auflösen.

453

Haben Sie nicht Lust, die aktuellen Wildwassersportarten kennenzulernen? Da gibt es Hydrospeed, Kanu, Kajak, Rafting, Hairboat ... Erkundigen Sie sich in Sportfachgeschäften nach den Kursangeboten im In- und Ausland.

454

„Die Natur hat uns eine Zunge, hingegen zwei Ohren geschenkt, damit wir zweimal soviel zuhören wie sprechen“ (Zenon). Werden Sie ein besserer Zuhörer, eine bessere Zuhörerin.

455

Wenn man ins Stolpern gerät, muß man sofort wieder aufstehen – ohne nachzudenken. Wenn Sie sieben Mal fallen, stehen Sie eben sieben Mal wieder auf – und auch ein achtes Mal.

456

Sobald Ihnen ein Garten zur Verfügung steht, pflanzen Sie dort Erdbeeren und setzen Sie Obstbäume.

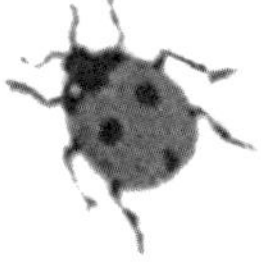

457

Umgeben Sie sich in Ihrem Leben mit schönen und sanften Dingen. Fangen Sie dort an, wo es am einfachsten ist: Dekorieren Sie Ihre Wohnung neu, starten Sie Verschönerungsaktionen und wählen dafür neue freundliche Farben.

458

Bringen Sie in der Nähe Ihrer Haustür ein Klangmobile an. Der Wind oder die Zugluft werden ihm schöne Töne entlocken.

459

Warum wollen Sie die Gedanken der anderen erraten? Fragen Sie sie doch lieber direkt danach.

460

Es ist ein wahres Kunststück, weniger, aber besser zu arbeiten. Unser Motto lautet: lieber Lebenskünstler/in als *workoholic*!

461

Verstärken Sie Ihre guten Seiten. Sie müssen nicht versuchen, alles unter Kontrolle zu haben.

462

Fahren Sie im Frühjahr aufs Land. Die duftige Frische der Luft während der Apfel- oder Kirschblüte ist ein unvergleichliches Erlebnis.

463

Nur keine Hetze im Leben. Sie werden langsam aber sicher – und manchmal sogar schneller – als andere am Ziel landen.

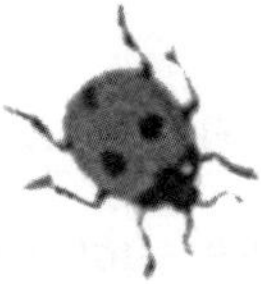

464

Bei bestimmten Dingen sollte man nicht knausern: ein gutes Bett, schöne Bettwäsche, ein schönes Schlafzimmer. Immerhin verbringen Sie in diesen vier Wänden ein gutes Viertel Ihres Lebens.

465

Lassen Sie Ihre Kinder und auch Ihre Eltern in Ruhe.

466

Einmal eine Nacht mit Ihrem Liebsten/Ihrer Liebsten unter freiem Himmel verbringen: den Abend vorbeiziehen lassen, die Sterne zählen, den Gedanken nachhängen ...

467

Sie können doch sicherlich einen Fasan von einem Perlhuhn und einer Elster unterscheiden?

468

Im Alter werden Sie Ihre Irrtümer vergessen; aber Sie werden bedauern, daß Sie vieles nicht gewagt haben. Darum sollten Sie jetzt Wagemut zeigen.

469

Gänsefedern machen sich in Kopfkissen, Zudecken und anderen Plumeaus besonders gut.

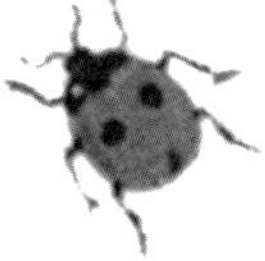

470

Sie müssen Ihre Prioritäten neu setzen: Tun Sie zuallererst das, was Ihnen wirklich Spaß bereitet, das, wofür Sie sich hundertzwanzigprozentig einsetzen wollen. Das, was Sie am meisten amüsiert und begeistert. Für den Rest werden Sie dann irgendwie auch noch Zeit und Platz finden.

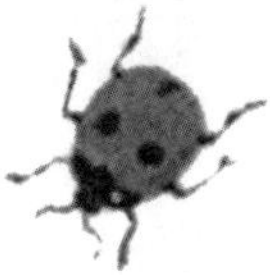

471

Sie kennen den Lieblingsschauspieler oder -regisseur Ihres Partners/Ihrer Partnerin. Und seine oder ihre Lieblingsschauspielerin. Wenn deren neuester Film rauskommt, könnten Sie Ihren Schatz überraschend ins Kino einladen.

472

Manchmal reicht eine einzige Idee, um Ihr ganzes Leben umzukrempeln. Gehen Sie mit offenen Augen durch die Welt und spitzen Sie die Ohren. Diese eine Idee kann nämlich urplötzlich und von überall her auftauchen, geräuschlos und ohne großes Trara.

473

Denen, die das Gegenteil behaupten, brauchen Sie keinen Glauben schenken: Jeder Mensch liebt Komplimente, die von Herzen kommen. Vor allem, wenn Sie vor anderen ausgesprochen werden.

474

Allen Menschen, die Sie lieb haben, sollten Sie ein Exemplar dieses Buchs schenken, in das Sie vorher eine Widmung geschrieben haben.

475

Organisieren Sie ohne besonderen Grund ein abendliches Treffen bei sich zu Hause. Sie können ja offiziell irgendeinen Anlaß vorgeben.

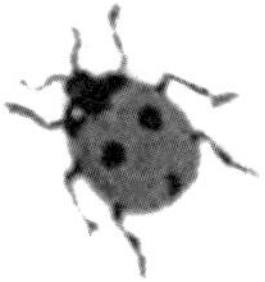

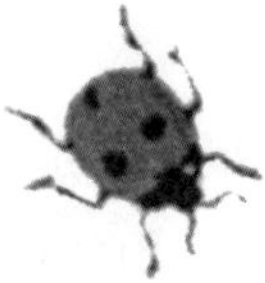

476

Warum werfen Sie sich nicht mal wieder in Schale?

477

Auch die kleinen Dinge im Leben wollen sorgfältig – und mit Liebe – erledigt werden.

478

Geben Sie zu Ihren üblichen Zeiten für unterwegs immer zehn Prozent dazu – beziehungsweise mindestens acht Minuten.

479

Nehmen Sie Ihren Schatz in ein Sportfachgeschäft mit.

480

Vermitteln Sie Ihrem Kind ein Maximum an Selbstvertrauen. Sie können ihm gar kein schöneres Geschenk machen.

481

Legen Sie Ihrem Liebsten/Ihrer Liebsten eine Blume aufs Kopfkissen. Einfach so. Oder um Ihre Lust auf Zärtlichkeiten zu signalisieren?

482

Erfolge lösen Kettenreaktionen aus.
Sie müssen den Ball nur
ins Rollen bringen.

483

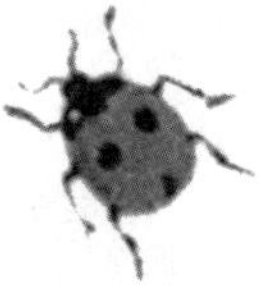

Vergnügen auch.
Bringen Sie das Ganze in Gang.

484

Handeln vertreibt die Angst. Darum heißt es, zur Tat schreiten. Warten Sie nicht länger, Sie werden nie hundertprozentig vorbereitet sein.

485

Welchen Anlaß könnten Sie sich ausdenken, um auf Ihren Lebenspartner/ Ihre Partnerin anzustoßen?

486

Warum gehen Sie mit Ihrem/Ihrer Liebsten nicht mal im Partnerlook aus?

487

Schenken Sie einer neuen Bekanntschaft spontan Ihr Vertrauen. Mißtrauen ist zeit- und energieaufwendig und macht oft alles kaputt.

488

Versuchen Sie, sechsunddreißig Stunden am Stück zu fasten. Trinken Sie in der Zeit ausschließlich Wasser.

489

Beim Autofahren sollte sich jeder Zeit lassen.

490

Bezaubern Sie Ihren Partner oder Ihre Partnerin, als müßten Sie ihn/sie jeden Morgen neu erobern.

491

Wie schön ist es, in einem Park herumzuspazieren, die Vögel zu füttern und sich gemütlich vor einem Brunnen oder einem Bassin niederzulassen. Die Franzosen nennen das „sich wie eine Eidechse in der Sonne aalen“.

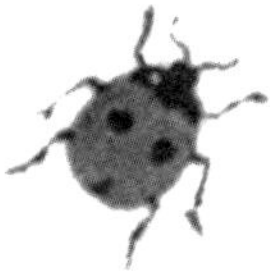

492

Sie müssen eine Rede halten und haben fürchterliches Lampenfieber. Nichts hilft besser dagegen, als sich kurz vorher zurückzuziehen, sich gerade auf einen Stuhl zu setzen, die Hände ruhig auf die Knie zu legen, und dann fünf Minuten lang abwechselnd Aufstehen, Hinsetzen, Aufstehen, Hinsetzen usw.

493

Um den 15. August herum können Sie bis zu hundert Sternschnuppen am Himmel beobachten.

494

Jeder Jahreszeitenwechsel sollte mit einem Fest begrüßt werden. Daraus können Sie ein privates Ritual mit Ihrem Liebsten/Ihrer Liebsten machen. Das kann lustig sein, sehr intim oder völlig ausgefallen. Hauptsache, Sie feiern solche Rituale zusammen.

495

Erweitern Sie Ihren Horizont.

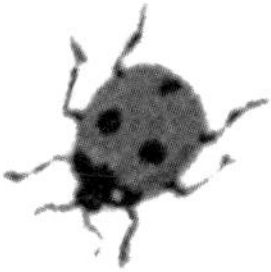

496

Stellen Sie Ihre Fragen; egal,wie die Antworten lauten werden. Für einen kleinen Moment der Peinlichkeit werden Sie mit Stunden der Freiheit belohnt.

497

Es ist etwas Besonderes, einem Menschen einen Dienst zu erweisen, wenn dieser nie erfahren wird, daß Sie dahinter stehen.

498

Führen Sie ein Tagebuch, in dem Sie alle Ihre Fortschritte, Triumphe und Erfolge eintragen, auch die kleinsten und unbedeutendsten? Es tut nämlich verdammt gut, später alles nochmal nachzulesen.

499

Jeden Tag können Sie Menschen um sich herum beglückwünschen und ihnen Mut machen.

500

Ihr Gewissen flüstert Ihnen etwas ins Ohr. Sorgen Sie für Stille, um besser zuhören zu können. Und folgen Sie seinen Ratschlägen. Es ist nämlich Ihre Gewissen, das recht hat.

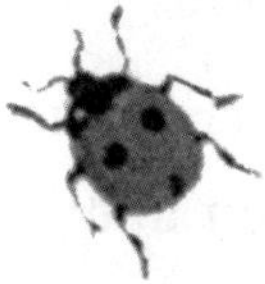

501

Hängen Sie sich von hinten fest an Ihren Partner oder Ihre Partnerin, umschlingen Sie ihn/sie mit den Armen und versuchen anschließend, im Gleichschritt vorwärts zu laufen. Mit ein bißchen Übung können Sie die Augen schließen und sich ganz und gar auf seine oder ihre Führung verlassen. Was für sonderbare Gefühle und Empfindungen ... Riechen Sie an Haar, Hals und Nacken. Kuscheln Sie sich richtig an ihn oder sie, verschmelzen Sie ...

502

Entspannung kann man lernen. Entspannen Sie sich vollständig, und lockern Sie Ihre Muskeln. Zunächst das Gesicht, dann den Hals, die Schultern, die Brust, den Rücken, den Bauch. Lassen Sie Ihren Gedanken freien Lauf, ohne sie gleich wieder einfangen zu wollen.

503

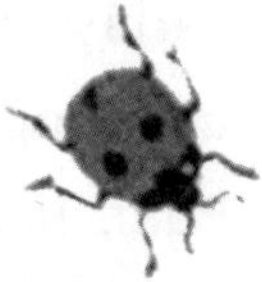

Glücklichsein ist ansteckend. Darum sollten Sie die Gesellschaft von glücklichen Menschen suchen.

504

Wie wäre es, jeden Montag besonders früh aufzuwachen: Dann hätten Sie Zeit, das Leben zu spüren, mitzubekommen, wie die Stadt und ihre Menschen langsam erwachen. Das ist eine Mußestunde, in der Sie Pläne machen und sich all die schönen Dinge ausdenken können, die in dieser Woche passieren werden.

505

Im Sommer sind es die Lindenbäume, die ihren besonderen Duft in der Luft verströmen.

506

Denken Sie sich immer neue Einschnitte und Besonderheiten für Ihr Leben aus: Rituale, die Ihnen ureigen sind, Surprise-Partys, Erinnerungsphotos, neue Marotten, unkonventionelle Projekte, klare Entscheidungen, symbolgeladene Gegenstände, Listen mit Ihren Lieblingssachen oder -themen usw. Dadurch bekommt Ihr Dasein mehr Sinn und Struktur, und Sie verfügen über zusätzliche Elemente, um Ihrem Leben die rechte Würze zu geben. So werden alle Tage zum Sonntag.

507

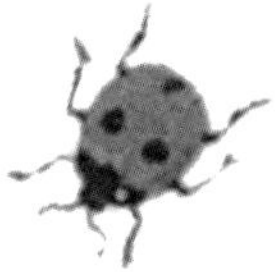

Denken Sie sich mit Ihrem Liebsten/Ihrer Liebsten ein Geheimzeichen aus, mit dem Sie sich auch auf die Ferne und in aller Öffentlichkeit ein „Ich-liebe-dich" zusenden können. Wie wäre es mit *Ich wackele mit dem rechten Zeigefinger an meiner Nasenspitze* oder so?

508

Lassen Sie andere Leute vor, wenn Sie in der Schlange stehen oder Auto fahren.

509

Lernen Sie, ein Musikinstrument zu spielen.

510

Egal, wie Ihr persönliches Projekt aussieht, nun ist es an der Zeit, in die Startlöcher zu steigen, und zwar mit den Mitteln, über die Sie im Moment verfügen. Warten bringt nichts mehr, jetzt heißt es LOS!

511

Vertrauen Sie Ihrem Glück.

512

Stehen Sie mit beiden Beinen im Leben. Genießen Sie es. Beissen Sie herzhaft hinein – wie in einen Apfel. Und bewahren Sie sich das Beste nicht für den Schluß. Das Leben ist zu kurz.

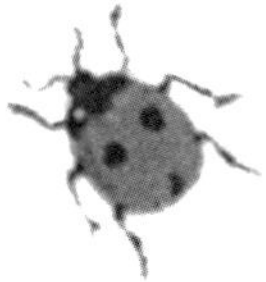

Nachwort

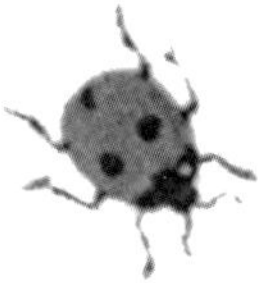

Im Leben gibt es keine Proben wie etwa im Theater. Wir leben nur einmal und werden deshalb auch nie die Gelegenheit haben, das Hier und Jetzt noch einmal zu erleben. Das gilt auch für alle nachfolgenden Sekunden, Stunden, Tage, Monate und Jahre. Ein Grund mehr, es uns gut gehen zu lassen. Dazu brauchen wir keinen schwarzen Gürtel in der Lehre des Kamasutra oder irgendwelche Mittelchen, die uns in Hochform versetzen. Im Gegenteil, die einfachsten Ideen sind wie so oft die besten. Es wäre natürlich wunderbar einfach, ja traumhaft, sich nur ein Paar Engelsflügel am Rücken festzukleben und in den Höhen zu entschwinden. All das hinter uns zu lassen, was uns nicht paßt ... da oben unter einem glücklichen Stern wiedergeboren zu werden ... und unser ganzes Leben – ja wirklich unser ganzes Leben lang – im Glück zu schwelgen.

Ich will Ihnen gerne meine eigenen Flügel leihen, aber ich warne Sie vor dem Fall in die Tiefe! Denn die allerersten Flügel, die mich selbst wirklich auf die Glücksbahn lenkten, sind eines Tages in meinem eigenen Kopf gewachsen. Damals hatte ich allerdings auch keine andere Wahl: Ein unverantwortlicher Autofahrer hatte mich umgefahren und derart zugerichtet, daß ich nach dem Unfall, zur kleinsten Bewegung unfähig, im Bett festgenagelt lag. Ich fühlte mich wie aufgespießt, gleich einem Schmetterling in seinem Glaskasten. Bewegungslos lag ich in meinem Bett, und tausend schwarze Schmetterlinge schwirrten in meinem Kopf umher und belagerten meine Gedanken. Nach langen, langen Monaten tauchte dann der erste rosa Schmetterling, der erste Glückskäfer in meinem Kopf auf. Dann noch einer und noch einer; bald waren es Hunderte. Und mein Leben hat sich von Grund auf geändert.

Jeder der 512 Vorschläge und Wegweiser in diesem Buch entspricht schon einem Flügelchen dieser rosa Schmetterlinge. Daraus können und sollen Sie nun Ihre eigenen Schmetterlinge und Glücksbringer wachsen lassen, auf Ihre besondere Art und Weise. Lassen Sie sich vom Charme dieser Tierchen einnehmen, lassen Sie sie Farbe in Ihr Leben bringen und sich in Ihrem Kopf zu Tausenden vermehren. Das wird Sie beflügeln, und zwar ohne künstlichen Eingriff, ohne Tesa und Transparentpapier für die vermeintlichen Engelsflügel.

Es ist kein fauler Zauber, aber hat magische Wirkung.

In der Antike war die Arbeit den Sklaven vorbehalten. Sie galt als abwertend und erniedrigend. Jahrhundertelang hätte niemand für die Arbeit sein Leben aufs Spiel setzen wollen. Und hat nicht Thomas von Aquin den Müßiggang gepredigt? Erst im 19. Jahrhundert entwickelt sich die Arbeit zu einem universellen Wert: Es wird siebzehn Stunden am Tag gearbeitet – vom Kind bis zum Fünfundvierzigjährigen, der bereits abgenutzt ist wie ein Greis.

Später, im 20. Jahrhundert, kommt die große Krise Ende der zwanziger Jahre: Die Reichtümer müssen in Umlauf gebracht werden, und die Konsumgesellschaft entsteht. Für die Angestellten ist es die Wiederentdeckung der „Freizeit“. Das Jahr 68 versetzt dem Wertbegriff „Arbeit“ den letzten Stoß in den Rücken – diesmal aus soziokulturellen Gründen.

Mit dem Wachstum der achtziger Jahre feiert die Arbeit ein schüchternes Comeback: Die Menschen arbeiten wieder wie wild, Firmen werden gegründet, und mancher verwirklicht seinen Traum vom großen Manager. Das ist die BOSS-GENERATION. Aber was ist zehn Jahre später aus ihr geworden? Sie alle strebten nach Erfolg in ihrem beruflichen Leben, bevor sie das Leben als solches leben wollten. Nur auf Erfolg und *Herausforderung* haben sie gesetzt, und deswegen gehören sie heute fast alle zur PROZAC GENERATION.

Die Wirtschaftskrise hat da natürlich auch zu keiner Besserung geführt. Eine regelrechte Lawine von Bedrohungen und Gefahren sorgte eher für Verschlimmerung: ideologische Einbrüche, soziale Krisen, Politikverdrossenheit, Desinteresse der Eliten, allgemeine Flucht vor den Bürgerpflichten etc. Die Liste ist lang. Und die Medien sind bekanntermaßen unglaubliche Resonanzböden, die ihren Teil zu dieser Entwicklung beigetragen haben. Mit welchem Resultat? Die Verdrossenheit ist geradezu chronisch, die Enttäuschung allgemein und die Arbeitslosigkeit ein Gespenst, das in allen Köpfen spukt.

Man vergräbt sich. Man hat Angst – und noch schlimmer –, viele versinken in Hoffnungslosigkeit.

Stehen wir denn wirklich vorm Abgrund?

Laßt uns das Ganze mit Abstand betrachten und über drei, vier Generationen nach rückwärts blicken. Seit 1850 ist die Lebenserwartung von fünfundvierzig auf fast fünfundachtzig Jahre gestiegen. Die Arbeit füllte siebzig Prozent des Lebens aus, heute nurmehr zwölf Prozent. Das heißt, daß wir sechs Mal weniger arbeiten als noch unsere Urgroßeltern*. Und das ist nicht das Ende dieser Entwicklung: Heimlich, still und leise steht in unserer Gesellschaft die Arbeit aus wirtschaftlichen Gründen zum Ausverkauf.

So wie die Dinge ihren Lauf nehmen, kann es passieren, daß alles wieder von vorne beginnt. Zukünftigere Generationen werden sich dann darüber wundern, daß auch wir uns zum Arbeiten herabgelassen haben.

Die Arbeit ist ein Wert wie andere auch. Die meisten davon sind jedoch ständig in Veränderung begriffen. Sprechen wir nicht sogar vom Werteverlust? Die Krise, in der wir uns befinden, ist mindestens so sehr moralischer wie wirtschaftlicher Natur, und überall entstehen Risse im gesellschaftlichen Gemäuer. Am Maßstab der Menschheitsgeschichte gemessen ist dies nur natürlich, aber über ein Menschenleben gesehen, fühlen wir uns plötzlich wie an Bord der *Titanic*. Die Frage lautet nur: Untergang oder Rettung?

Bis zum achtzehnten Jahrhundert wurde die Moral „von oben" diktiert. Die Gesellschaft respektierte heilige und unberührbare Prinzipien, die von der Religion bestimmt und den anderen auferlegt wurden. Die Werte und Vorbilder (der Heiligen) wurden den Menschen also kurz gesagt von außen aufgezwungen.

Mit dem Fortschreiten laizistischer, das heißt nicht-kirchlicher Tendenzen in unserer Gesellschaft wurden diese strengen Auflagen zunächst kritisiert und später für nichtig erklärt: Der Mensch lebt heute befreit von dieser naiven Unterwerfung gegenüber ewigen Mächten. Zum ersten Mal hat er diese ungeheure Freiheit, seine Werte, seine Moralvorstellungen und seinen Lebensstil frei und aus sich selbst heraus zu wählen und Fremdbestimmung und Gebote von außen zu verweigern. Aber die plötzliche Leere bereitet Schwindel. Der Mensch ist frei wie nie zuvor in der Geschichte der Menschheit. Aber frei wozu? Überall nur Freiheit und Offenheit. Wo bleibt dabei die Seele? Und gibt es überhaupt noch Werte, an denen man sich orientieren, an denen man sich festhalten kann?

Hie und da gibt es bereits tröstliche und ermutigende Signale und Zeichen. Es ist so eine Art Immunreflex, der für die Verteidigung bestimmter Werte steht: Gerechtigkeit, Ehrlichkeit, Ursprünglichkeit, Großzügigkeit, Loyalität und Ehre. Das sind die Werte, die als Sieger aus den beschriebenen Kämpfen hervorgehen. Beispiel: Als Reflex auf die allgemeine Bestürzung in einer Zeit der Haltlosigkeit und unsicherer Zukunftsbilder sucht heute jeder im Umgang mit seinem Umfeld nach klaren und Sicherheit versprechenden Strukturen. Neuer Anstand und Wärme in den mitmenschlichen Beziehungen; Wiederbelebung der sozialen Einbindung, deren Ritualisierung durch gute Manieren und Sitten, Höflichkeit und Zuvorkommenheit. Wenn wir morgens unsere Zeitung holen, hören wir plötzlich wieder den hübschen Klang eines „Guten Tag“, „Danke schön“, „Auf Wiedersehen“ – wie kleine Puzzlestückchen eines verloren geglaubten Glücks.

Die öffentliche Moral von gestern weicht also offensichtlich einer persönlichen Moral. Wir alle leiden noch an unseren moralischen Verwundungen und haben den Sieg noch nicht davon getragen, aber ein Stück des Weges haben wir schon bereits hinter uns!

Die Moral, die früher „von oben" kam, versucht sich manchmal über den Fernseher durchs Hinterstübchen wieder einzuschleichen. Die Medien warten mit scharfem Geschoß auf: Wer kann bei diesem Krach, dieser Beschallung noch selbst entscheiden? Wie ist es möglich, Stille in sich zu schaffen und den Spuren ureigener Weisheit zu folgen, wenn die Medienlogik will, daß wir weltweit verbreitete Modelle und Muster akzeptieren, die dementsprechend beharrlich und mit Power verbreitet werden?

Das Bild, der Augenblick, die Emotion wird

in diesen Vorbildern gepriesen, zuungunsten von Sinn, Kontinuität und Vernunft. Ihnen konnte nichts Besseres einfallen, um unsere Persönlichkeiten zu verkleistern und unsere Grundstrukturen zu zersetzen. Wachsen, lernen, sich verdienlich machen, sich über die Familie, die Schule eingliedern etc. – das braucht ja alles Zeit und Mühe. Die Medien aber haben weder Zeit (Gesetz der Rentierlichkeit) noch Interesse, Anstrengung und Mühe aufzuwerten (Gesetz des Angebots). In der „teleformatierten" Welt muß der Held einer Werbung in Sekundenschnelle, in einer Fernsehreihe in fünfundvierzig und in einem Spielfilm in neunzig Minuten gewonnen, der Böse im gleichen Zeitraum verloren haben und sämtliche Probleme vom Tisch gewischt sein. Wenn wir dem allem Glauben schenken wollen, gibt es auch für uns keine Alternative:

Um vorwärts zu kommen, dürfen wir nicht zu viel nachdenken (sie tun das für uns). Allein in der Raserei liege unser Wohl, im Zapping, im Best-of; in der Bewegung und der Schnelligkeit. Wie Kreisel sollen wir sein; wieder kommen die Impulse von außen, eine Revolution der Medien. Können wir nicht Einhalt gebieten und eine Revolution der dritten Art in Gang bringen – die von innen käme und sanft vonstatten ginge …

Das ist durchaus möglich. Schließlich häufen sich die ersten Anzeichen für ein neues Lob auf die Langsamkeit (ja, die Faulheit!). Die Sinnsuche steht da im Vordergrund und nicht mehr die Leistung, *performance*. Es geht um Orientierungshilfen, Zusammengehörigkeit, Harmonie. Nur der Sinn des Lebens zählt, der Sinn, den man im Leben findet oder den man seinem Leben bewußt verleiht. Dieser Sinn entsteht allerdings erst mit und dank der Langsamkeit. Was bringt es, über das Internet und andere riesige Informationsmengen zu verfügen, wenn sich letztendlich doch alles in unserem Kopf zu einer breiigen Masse vermischt? Es wird allerhöchste Zeit, daß die Menschen wieder lernen, innerlich zur Ruhe zu kommen, Stille herrschen zu lassen, in Bewegungslosigkeit zu verharren, das eigene Gewissen sprechen zu hören, dem eigenen Herz zu lauschen, die eigenen Markierungspunkte und Wurzeln wiederzufinden.

Sich Zeit nehmen – Verstehen – Verarbeiten.

Dem Geld (dem zu teuren) seinen wahren Wert zurückgeben – den wahren Preis des Lebens erkennen, den wahren Wert all jener kleinen Dinge, die den Unterschied ausmachen. All diese verschütteten kleinen Schätze sollen ans Licht geholt werden, weil sie unser Leben so lebenswert machen und uns verzaubern. Sie sind es, die wieder Begeisterung in unser Leben bringen könen.

Sich Zeit nehmen, die eigene Empfindsamkeit zu voller Größe erwachsen zu lassen.

Sich Zeit nehmen zum Flanieren, Faulenzen, Spielen. Zeit, um den eigenen Intuitionen zu folgen – und von einer Generation des Glücks zu träumen.

Während wir also auf dieses neue Goldene Zeitalter (und die Rente mit einundzwanzig?) warten, schlage ich Ihnen vor, etwas zu tun, um die Welt in Bewegung zu bringen – selbst wenn es nur ein milliardstel Millimeter ist! Es ist so einfach. Verschaffen Sie sich Zugang zum Glück, lassen Sie sich vom Leben begeistern, verzaubern Sie Ihr Leben, machen Sie sich empfänglich für die schönen und farbigen (rosa!) Seiten des Lebens: Mit dieser Frische, dieser wiedergefundenen Natürlichkeit werden Sie einen rosa Teppich vor sich ausrollen.

Und Glück hat zudem etwas Ansteckendes: Wenn Ihre innere Sonne strahlt, wird das sofort auch Ihren Mitmenschen zugute kommen. Es wird wie ein rosiger Blütenregen sein. Lassen Sie sich also von diesem Buch an der Hand nehmen und auf einem besinnlichen Spaziergang zu sich selbst führen. Holen Sie das Beste aus sich heraus. Öffnen Sie die Tore zu Ihrem Herzen und die Fenster zu Ihrer Seele; lassen Sie frische und reine Luft herein. Das wird Ideen in Ihnen wecken, Gefühle, Eindrücke, Wünsche, die bislang schlummerten und nun zum Leben erweckt werden. Lassen Sie Ihre Projekte, Pläne und all diese Bilder Gestalt annehmen. Es gab sie bereits, und Sie wußten davon, jedoch nicht in dieser Klarheit.

Natürlich werden Sie nicht mit all meinen Vorschlägen und Einladungen etwas anfangen können. Und Sie werden vielleicht Lust haben, aus Ihren eigenen Erfahrungen schöpfend, neue hinzuzufügen. Tun Sie das! Vielleicht sollten wir auch andere davon profitieren lassen? Ich arbeite nämlich bereits an einem Folgeband. Schreiben Sie mir, ich freue mich darüber. (D. Glocheux, „La Vie en Rose“, 50, avenue Foch, 75116 Paris, Frankreich).

Mir verbleibt nurmehr, Ihnen eine gute Reise zu wünschen. Eine wunderbare Reise, nicht nach Disneyland, erst recht in keinen Laden, wo das Glück für teures Geld zum Verkauf steht oder zu irgendwelchen Institutionen und Zentren, die in Crash-Kursen ihre beglückenden Philosophien anbieten, anbiedern oder gar verscheuern.

Vielleicht sind wir zum ersten Mal dabei, in uns selbst die Kraft und die Antworten auf Fragen zu finden, die wir Menschen uns stellen, seitdem es uns auf der Erde gibt. „ Wer bin ich?“, „Woher komme ich?“, „Wohin will ich?“

„I HAVE A DREAM TODAY“: Viele sehen ausschließlich die Gefahren von planetarischen Katastrophen und anderen weitflächigen Epidemien. Wie wäre es, wenn wir darin im Gegenteil die Voranzeichen einer Wiedergeburt sehen wollten und die Noblesse sowie den Mut aufbrächten, diese Veränderung zu unterstützen?

Kein Grund zu übermäßiger und übereilter Vergeistigung. Wir wollen ja keine rückverwandelten Engel werden. Es handelt sich lediglich um eine Vision, vielleicht einen Weg, dem zu folgen sich lohnt.

Nun ja, erst wenn wir begriffen haben, daß Berlin näher an New York ist als an Bad Reichenhall, und wenn wir fürs gleiche Geld ans Ende der Welt und mit unserer Nachbarin telefoniert haben, wird uns klar werden, daß wir wahrscheinlich vor der größten transzendentalen Veränderung der Menschheitsgeschichte stehen: Der universellen Versöhnung und Fusion aller Religionen und aller Philosophien. Das ist doch ein wahnsinniges und wunderbares Programm, oder?

Und wir könnten ein wenig dazu beitragen, die Welt einige Schritte nach vorne zu bringen; auch wenn es sich nur um den besagten milliardsten Millimeter handelt?

Wir könnten die Welt ganz sanft verändern – und natürlich auch das Leben. Könnten neue Lebensformen erfinden, neue Wertvorstellungen entwickeln, humanere Beziehungen aufbauen.

Wichtigere, intensivere, schönere – rosa wie das Glück und leicht wie die Schmetterlinge.

Wir könnten tausend rosa Schmetterlinge in unserem Kopf herumflattern lassen.

Und rote Glückskäfer krabbeln lassen.

Vielleicht kennen Sie die Theorie vom deterministischen Chaos des Klimaforschers Edward Lorenz, die unter dem Begriff Schmetterlingseffekt in den Medien bekannt geworden ist: Der Flügelschlag eines Schmetterlings in Brasilien könnte einen Zyklon am anderen Ende der Erde auslösen. Da brauchen Sie sich nur vorstellen, was ein ganzer Schwarm davon auslösen könnte.

Zehn, hundert, tausend, ja tausende Schmetterlinge. Rosa Schmetterlinge, alle nur rosa …

Ich wünsche Ihnen frischen Wind, hübscher Schmetterling. Und vor allem, genießen Sie das Leben in vollen Zügen …

Dominique Glocheux.

*16 Stunden am Tag „Aufsein" ergeben 5840 Stunden pro Jahr. 45 Lebensjahre im Jahr 1850 ergeben 262 800 Stunden, davon 40 Arbeitsjahre à 4 500 Stunden pro Jahr = 180 000: von den 262 800 Stunden wurden also 70 % gearbeitet. Für 1997 rechnen wir 5840 Stunden x 80 Jahre = 467 200, davon 38 à 1500 Stunden/Jahr, d. h. 57 000. Von den 467 200 Stunden wurden also 12 % gearbeitet.

„Alles, was du nicht gibst, ist verloren“ (indisches Sprichwort).

„Das Glück gehört jenen, die lachen können“ (japanisches Sprichwort).

„Ich begnüge mich mit dem Besten“ (Oscar Wilde).

„Ich begnüge mich damit, glücklich zu sein“.

„Ich liebe Euch ...“.

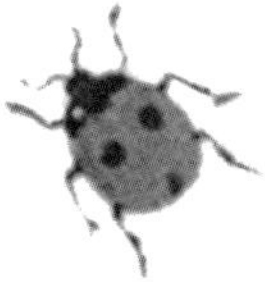

Zeiten des Glücks

Happy days for you
Viele kleine Glücksrezepte
Hrsg. v. Anton Lichtenauer
Band 7001

Zutaten, die den Alltag würzen und das Leben reicher machen, gibt es viele. 1000 konkrete Ideen, Vorschläge, Hinweise, wo das Glück zu finden ist. Auf lange Sicht und für jeden Tag.

Sylvia zur Schmiede/Manfred Miethe
Wer glücklich ist, kann glücklich machen
Von der Freude, die in unseren Herzen singt
Band 5028

Im Sein liegt innerer Friede, nicht im Haben. Und Glück stellt sich nicht ein auf der Jagd danach, sondern im Loslassen, im Wahrnehmen und Staunen.

Marco Aldinger
BewußtseinserHeiterung
Weisheitsgeschichten
Band 5020

Befreit lachen, gelassen über den Dingen stehen – das kann nur, wer sich nicht selbst als Maß aller Dinge nimmt. „Ein brillantes, geistreiches Feuerwerk, das zu lesen ein Vergnügen ist." (ESOTERA)

Anthony de Mello
Zeiten des Glücks
Band 5009

Die schönsten Texte de Mellos, die aufmerksam machen auf die tieferen Möglichkeiten des Alltags. Geschichten, die Herzen verwandeln.

Anthony de Mello
Wie ein Fisch im Wasser
Anleitung zum Glücklichsein
Band 4889

Verblüffend einfach, wunderbar weise, erfrischend humorvoll präsentiert sich diese Einladung zum Glücklichsein.

Irmtraud Tarr Krüger
Vom leichten Glück der einfachen Dinge
Kleine Freuden – große Wirkung
Band 4911

Innehalten, zu sich selber kommen, genießen, der Seele Luft und Atem geben: Sich inspirieren lassen, die Kunst des Lebens selber zu probieren.